Buddhas 3 Fragen

Mit Achtsamkeit, Dankbarkeit
und Großzügigkeit das Leben verwandeln

Mit Buddhas Lehre vom Leid zum Glück

Wofür bin ich heute dankbar?

Was konnte ich heute schenken?

Wer war heute mein Lehrer?

Mein Tagebuch für 4 Wochen

Vorwort

Drei Fragen sind es, die im Mittelpunkt dieses Buches stehen und einen Weg zu mehr Zufriedenheit und Glück weisen sollen. Um es vorwegzusagen: Es ist nicht der historische Buddha Siddhartha Gautama, der diese Fragen gestellt hat – zumindest ist mir das nicht bekannt. Er hätte sie aber stellen können, weil sie etwas anstreben, das zumindest einem wichtigen Teil seiner Lehre von der Überwindung des Leids entspricht.

Die drei Fragen lassen uns bewusster und achtsamer durchs Leben gehen. Sie lassen uns die Geschenke wahrnehmen, die uns das Leben macht, und lassen uns Dankbarkeit empfinden. Sie helfen uns dabei, unsere Verbundenheit zu erkennen, machen uns mitfühlender, toleranter und großzügiger. Sie öffnen unser Herz für uns selbst und andere, machen uns neugierig und mutig. Und sie unterstützen uns dabei, auch schwierige Lebenssituationen anzunehmen und diese als Lehrer zu sehen, die dazu beitragen, dass wir wachsen und unser Potenzial entwickeln können.

Der Buddha sagt, wir sind, was wir denken und fühlen. Wir kreieren uns unsere eigene Welt. Mit den drei Fragen lenken wir unseren Fokus vom Mangel auf die Fülle, und unser Lebensgefühl verwandelt sich, ohne dass wir unser Leben äußerlich groß verändern müssten. Diese Entwicklung beginnt in unserem Inneren. Es liegt allein bei uns, damit anzufangen.

Ilona Daiker

Mit Buddhas Lehre vom Leid zum Glück

Wir können viel zu unserem Glück beitragen, wenn wir mit Hilfe buddhistischer Weisheit aus destruktiven Denk- und Verhaltensmustern aussteigen und unsere Gedanken und Gefühle bewusst in eine positive Richtung lenken.

Wie drei Fragen die Wahrnehmung verwandeln

»Wir sind, was wir denken. Alles, was wir sind, entsteht aus unseren Gedanken. Mit unseren Gedanken formen wir die Welt.«

So lautet eines der bekanntesten Zitate, das dem historischen Buddha zugeschrieben wird. Es ist auf vielen Postkarten zu lesen und fehlt in kaum einer Sammlung von Weisheitszitaten. Mit Sicherheit ist es eine der zentralen Aussagen des Buddhismus, die gleichermaßen motivierend und provozierend wirken kann: Wenn wir uns in einer Situation befinden, in der gerade alles gut zu laufen scheint und wir damit zufrieden sind, wie wir unser Leben eingerichtet und was wir geschafft haben, fällt es uns leicht, dieser Behauptung des Buddha zuzustimmen. Fühlen wir uns hingegen gerade vom Unglück verfolgt, weil nichts so läuft, wie wir es geplant haben oder uns wünschen, relativieren wir lieber unsere eigene Verantwortung für die Situation, in der wir uns befinden. Das Leben erscheint uns ungerecht, wir fühlen uns eher als Opfer der Umstände und weniger als aktive Gestalter.

Allerdings hat der Buddha auch keineswegs behauptet, wir seien in der Lage, jede Ursache für Unglück und Leiden, das von außen auf uns zukommt, zu verhindern. Es ging dem Buddha vielmehr darum, die Menschen zu lehren, wie sie es vermeiden können, zusätzliches Leid durch Gedanken und Gefühle zu schaffen, also durch die innere Haltung einer Situation gegenüber. Jeder von uns wird mehr oder weniger häufig mit Krankheiten oder unterschiedlichen Arten von Verlusten konfrontiert, seien es Trennungen, Kündigungen, wirtschaftliche Probleme oder gar der Tod. Unsere Verantwortung kann nicht darin liegen, dies prinzipiell zu verhindern, sondern vielmehr darin, einen Umgang damit zu finden, der diese schwierigen Situationen nicht noch leidvoller macht, als sie ohnehin schon sind. Und wir sind aufgefordert, den positiven, heilsamen Seiten des Lebens ganz bewusst mehr Energie zu geben. In dieser Welt wird uns sehr viel geschenkt. Wir müssen uns nur dafür öffnen und lernen, es wahrzunehmen und wertzuschätzen.

Eine heilsame Übungspraxis für den Alltag

Dieses Buch basiert zu einem großen Teil auf Gedankengut und praktischen Übungen aus dem Buddhismus, aber auch andere spirituelle Wege werden gestreift. Letztlich kommt es mir vor allem darauf an, einen Weg oder eine Übungspraxis zu vermitteln, die nicht an eine bestimmte Tradition oder einen Glauben gebunden ist und die sich dadurch auszeichnet, dass sie einen ganz normalen Alltag jenseits des Meditationskissens erlaubt.

Meditation ist zwar eine wunderbare und wirkungsvolle Praxis. Auch Retreats, bei denen man sich für eine Weile ganz zurückzieht aus dem Alltagsleben, können sehr heilsam und nährend wirken. Doch wenn man sich dagegen entscheidet, Meditationslehrer zu werden oder gar ins Kloster zu gehen, dann stellen sich eben immer wieder die Fragen: Wie kann ich die Lehren des Buddha – oder auch anderer spiritueller Lehrer – in meinem Alltag umsetzen? Wie kann ich mehr Gelassenheit und inneren Frieden entwickeln, ohne zehn Stunden am Tag zu meditieren? Wie kann ich es schaffen, die Eigenverantwortung, die in dem eingangs genannten Buddha-Zitat angesprochen wird, in meinem Leben ganz praktisch umzusetzen? Wie kann ich so auf mein Denken, Fühlen und Handeln einwirken, dass ich mich glücklicher und zufriedener fühle und auch meine Umwelt daran teilhaben kann?

Dankbar, großzügig und offen für Neues

Im Mittelpunkt dieses Buches stehen drei Themen oder Haltungen sich selbst und der Welt gegenüber, die meiner Erfahrung nach in dieser Hinsicht sehr viel bewirken können. Ich will nicht behaupten, dass die Beschäftigung mit diesen Themen den Königsweg oder den einzig wahren Weg zu einem glücklicheren Leben weist. Das Bestechende an ihnen ist jedoch, dass wir sie ganz bewusst einüben – weshalb man in der buddhistischen Terminologie auch von Übungswegen spricht – und sie zu einem Teil unseres (Alltags-)Lebens machen können, ohne dafür irgendwelche besonderen Fähigkeiten oder übermäßig viel Zeit zu brauchen. Bei der ersten Haltung, der Dankbarkeit, üben wir uns darin, wahrzunehmen und wertzuschätzen, wie viele Geschenke uns das Leben im Grunde ununterbrochen macht. Bei der zweiten Haltung, der Großzügigkeit, erleben wir, wie viel wir selbst anderen zu geben haben. Und bei der dritten Haltung geht es schließlich darum zu erkennen, dass wir aus allem, was uns begegnet – auch wenn es uns zunächst nicht gefallen mag – etwas lernen können, wenn wir nur den Widerstand dagegen aufgeben.

Vom Mangel in die Fülle kommen

Im ersten Moment mögen diese Haltungen oder Themen ganz unterschiedlich klingen. Sie haben jedoch etwas Entscheidendes gemeinsam: Sie lenken unseren Fokus weg vom Mangel, weg von dem Gefühl, zu wenig zu bekommen und vom Leben benachteiligt zu werden, hin zu einer Erfahrung der Fülle und Sinnhaftigkeit im Hier und Jetzt, so wie es ist.

Das soll nicht bedeuten, dass wir uns nichts mehr wünschen oder keine Veränderungen mehr anstreben dürften. Schließlich leben wir auch in einer zeitlichen Dimension und haben deshalb nicht nur die Gegenwart, sondern auch die Vergangenheit und die Zukunft im Auge. Daran ist prinzipiell nichts Schlechtes, im Gegenteil: Aus positiven Erinnerungen können wir sehr viel Kraft schöpfen, und Ziele oder Visionen bringen uns in Bewegung. Fatal wird es nur, wenn wir das Leben im Hier und Jetzt vor lauter Zukunftsträumereien oder Erinnerungen an die Vergangenheit verpassen; wenn wir kaum noch wahrnehmen, was gerade jetzt passiert, weil unsere Gedanken in die Vergangenheit oder Zukunft schweifen.

Die Gegenwart wahrnehmen und wertschätzen

Wir verpassen das Potenzial des gegenwärtigen Moments leider gewohnheitsmäßig viel zu oft, indem wir etwa in Erinnerungen schwelgen (»Ach, damals war alles besser!«) oder uns gedanklich in eine schönere Zukunft beamen (»Wenn ich erst im Urlaub sein werde, kann ich mich endlich wieder entspannen und wohlfühlen.«). Diese Gewohnheit, bei der die Gegenwart stets schlechter bewertet wird als die Vergangenheit oder eine mögliche Zukunft, ist letztlich alles andere als förderlich für unser Wohlbefinden, auch wenn sie uns kurzfristig zu helfen scheint. Das gilt auch für die gegenteilige Tendenz, uns zu grämen über das, was wir früher falsch gemacht haben. Oder uns darüber den Kopf zu zerbrechen, was vielleicht auch zukünftig wieder schiefgehen könnte.

Was unser Leben hingegen wirklich bereichern und uns wachsen lassen kann, ist unsere Bereitschaft und Fähigkeit, wahrzunehmen und wertzuschätzen, was gerade jetzt stattfindet. Denn nur so können wir auch der vielen kleinen Geschenke, die uns das Leben macht, gewahr werden und uns über sie freuen. Auch unsere eigene Fähigkeit, anderen etwas zu geben und das Glück des Teilens oder Helfens zu erfahren – selbst wenn wir uns gerade nicht besonders wohlfühlen –, wird uns erst bewusst, wenn wir uns auf die gegenwärtige Situation wirklich einlassen.

Wachstumschancen

Freilich gibt es auch immer wieder Momente im Leben, die wir zumindest zunächst als große Zumutung oder Überforderung empfinden und in denen wir nichts entdecken können, was einem Geschenk gleichen würde. Doch auch dann tun wir gut daran, das anzunehmen, womit wir in diesen Momenten konfrontiert werden, und – ob es uns gefällt oder nicht – einen konstruktiven Umgang damit zu finden. Das ist mit Sicherheit nicht immer leicht, und ich werde in diesem Buch immer wieder darauf hinweisen, dass es wichtig ist, sich nicht zu überfordern und sich nichts vorzumachen oder schönzureden. Doch gibt es letztlich keine Alternative dazu, uns auch den schwierigen und unangenehmen Dingen im Leben zu stellen und uns zu fragen, welche Lernchancen sie uns bieten. Machen wir uns diese Frage zur Gewohnheit, dann kann sie uns sehr dabei helfen, uns weiterzuentwickeln und gleichzeitig deutlich zufriedener zu werden.

Gewohnheiten lassen sich ändern

Für geistige Haltungen gilt dasselbe wie für Ernährungs-, Schlaf- oder sonstige Gewohnheiten: Man ändert sie nur, indem man aktiv wird. Wir bilden uns oft ein, es reiche, etwas intellektuell zu verstehen, und nehmen uns dann vielleicht sogar vor, bestimmte Verhaltensmuster zu ändern, die wir als wenig hilfreich erkannt haben. Die »Macht der Gewohnheit«, wie man so schön sagt, ist jedoch meist stärker als diese Vorsätze, weil wir entweder schlicht zu träge sind, oft aber auch einfach nicht wissen, wie wir die Änderungen konkret umsetzen beziehungsweise einüben könnten. Aus diesem Grund ist dieses Buch so etwas wie ein »Mitmachbuch«, eine Mischung aus einem Lese-, Übungs- und Tagebuch.

Ein Buch für dich

Da dieses Buch einen sehr persönlichen Charakter hat, habe ich mich dafür entschieden, die Du-Form für die persönliche Ansprache zu wählen, obwohl dir dies vielleicht zunächst etwas ungewöhnlich erscheinen wird. Das Buch wird immer mehr zu deinem eigenen werden, wenn du es liest, damit arbeitest und im Tagebuch-Teil deine eigenen Eintragungen machst. Es wird dich vermutlich über einen gewissen Zeitraum begleiten, und du kannst es auch später immer wieder als Ressource nutzen, wenn alte Gewohnheiten mal wieder die Oberhand zu gewinnen drohen.

Über Dankbarkeit, Geschenke und Lehrer

Im ersten Teil werden die drei zentralen Themen dieses Buches aus verschiedenen Perspektiven beleuchtet. Beginnen möchte ich mit der Dankbarkeit, ihren unterschiedlichen Aspekten und Möglichkeiten, sie in unserem Leben zu kultivieren. Das zweite Kapitel soll die Großzügigkeit und das Schenken genauer beleuchten, und das dritte Kapitel möchte ich den Lernchancen widmen, die uns das Leben täglich aufs Neue bietet. Erkenntnisse aus der buddhistischen Tradition und von modernen Meditations- und Achtsamkeitslehrern, Ergebnisse aus der Gehirnforschung, aber auch meine eigenen Erfahrungen und Überlegungen sollen dich motivieren, dein Leben einmal anders zu betrachten, als wir das gemeinhin tun. Dazu werde ich dir auch einige praktische Übungen anbieten.

Ich möchte dir empfehlen, dich pro Tag höchstens einem der drei Themen zu widmen. Versuche, dich mit Hilfe der Texte und Übungen möglichst intensiv mit dem jeweiligen Thema vertraut zu machen und einen eigenen Bezug dazu zu entwickeln. Es geht mir in diesem Buch nicht in erster Linie darum, Wissen zu vermitteln. Vielmehr möchte ich dich mit unterschiedlichen Anregungen dazu motivieren, dich selbst mit den drei Themen und damit, was sie für dein Leben bedeuten, zu beschäftigen.

Die täglichen drei Fragen

Der zweite Teil des Buches besteht aus einem Tagebuch für vier Wochen. Dieses Tagebuch soll dir dabei helfen, die vorhin genannten drei Themen oder Haltungen dem Leben gegenüber einzuüben und zu etablieren, indem du jeden Tag die drei Fragen beantwortest: Wofür bin ich heute dankbar? Was konnte ich heute schenken? Wer war heute mein Lehrer? Auf diese Weise verankerst du diese Haltungen in dir, sodass sie zu einer neuen, einer heilsamen Gewohnheit werden.

Ergänzt werden die täglichen Fragenseiten jeweils durch Weisheitsgeschichten, Zitate und kleine Übungen oder Anregungen für den Alltag. Letztere sind nicht als festes Übungsprogramm gedacht, sondern vielmehr als zusätzliche Inspirationen zu dem jeweiligen Wochenthema (siehe dazu Seite 88). Nimm sie auf, sofern sie für dich passen. Im Vordergrund steht jedoch das Tagebuch mit den drei Fragen. Am Ende des Buches möchte ich dir noch einige Tipps und Ideen mit auf den Weg geben, wie die eingeübten geistigen Haltungen stabilisiert und am Leben gehalten werden können.

Wofür bin ich heute dankbar?

Einer der wichtigsten Pfeiler unseres Glücks besteht darin, die Geschenke, die das Leben uns macht, zu erkennen und Dankbarkeit für sie zu empfinden. Deshalb ist es so wichtig, unsere Wahrnehmung zu schärfen und unser Herz zu öffnen.

Dankbarkeit als Übungsweg

Woran denkst du, wenn du den Begriff »Dankbarkeit« hörst? Was löst er aus? Ist er für dich geprägt von einem moralischen Anspruch, doch bitte dankbar dafür zu sein, dass du es so viel besser hast als die Menschen in den armen Ländern? Fühlst du dich erinnert an Situationen in deiner Kindheit, in denen du dich für Geschenke bedanken solltest, an denen du gar keinen Spaß hattest? Fühlst du dich tendenziell unwohl, wenn du das Gefühl hast, jemandem zu Dank verpflichtet zu sein? Die meisten von uns verspüren zumindest ambivalente Gefühle in sich, wenn sie anfangen, sich mit Dankbarkeit zu beschäftigen. Viel zu oft war Dankbarkeit in unserer Kindheit und Jugend an Verpflichtungen und Schuldgefühle gekoppelt. Viel zu häufig wurden die Worte »Danke schön« einfach nur als formaler Akt der Höflichkeit ausgesprochen, der mit keinem echten Gefühl verbunden war.

Um Dankbarkeit als Übungsweg zu praktizieren und »als wichtige spirituelle Quelle zu entwickeln«, wie Godwin Samararatne, ein inzwischen verstorbener buddhistischer Lehrer aus Sri Lanka, es ausdrückte, müssen wir uns Schritt für Schritt von diesem Ballast befreien und einen positiven Bezug zu dem eigentlich so heilsamen echten Gefühl der Dankbarkeit herstellen.

Wie sich Wertschätzung anfühlt

Ich möchte mich dem Thema Dankbarkeit aber nicht allzu theoretisch nähern. Schauen wir uns doch deshalb eine kleine Alltagssituation an, in der Dankbarkeit spontan auftaucht: Stelle dir vor, du stehst voll bepackt am Bahnsteig. Der Zug fährt ein, und als du einsteigen möchtest, öffnet sich der Reißverschluss deines Rucksacks, dessen Inhalt sich daraufhin auf dem Boden verteilt. Wenn du dich jetzt bückst, wird wahrscheinlich auch noch das Handy aus deiner Jackentasche fallen. Außerdem weißt du nicht, was du mit deinem Koffer machen sollst. Die Leute hinter dir werden unruhig, und dir stehen schon die Schweißtropfen auf der Stirn. Plötzlich kommt ein Mensch, der deine Sachen vom Boden aufsammelt und dir hilft, dein Gepäck zu einem Sitzplatz zu transportieren. Du kommst kaum dazu, danke zu sagen, da wünscht er dir auch schon eine gute Fahrt und geht weiter – so ein kleiner Engel im Alltag eben. Was passiert da in dir? Manche Menschen sagen, es ist ein bisschen so, als ob die Sonne aufgeht: Unser Herz öffnet sich, wir atmen tief durch, fühlen uns gesehen und angenommen und könnten den »Engel« oder sogar die ganze Welt umarmen.

Achtsamkeit als Grundlage

Jeder von uns kennt das Gefühl der Dankbarkeit, denn es ist ein zutiefst menschliches Empfinden. Je offener und achtsamer wir sind, je weniger gestresst und gehetzt, desto mehr Raum gibt es dafür. Zum Beispiel wenn wir nach einer Bergwanderung auf dem Gipfel stehen, den grandiosen Blick genießen, die pulsierende Lebendigkeit in unserem Körper spüren – und einfach nur glücklich sind, dies erleben zu dürfen. Oder wenn wir auf einem Steg am See liegen, die Sonne uns wärmt und wir so langsam immer mehr eins werden mit dem Plätschern des Wassers und den weißen Wolken am Himmel. Auch ein Besuch auf einem üppigen mediterranen Wochenmarkt, der all unsere Sinne weckt, kann ein solches Glücks- und Dankbarkeitsgefühl hervorbringen. Und freilich gibt es die großen Dankbarkeitsmomente im Leben, etwa nach einem Beinaheunfall oder einer schweren Krankheit, bei der Hochzeit oder der Geburt eines Kindes.

Ob große oder kleine Glücksmomente: Wir erleben sie immer wieder, ohne dass wir eine besondere Leistung dafür erbringen müssen. Highlights wie die oben beschriebenen nehmen wir meist auch als solche wahr. Die vielen kleinen Geschenke, die das Leben uns macht, wissen wir in unserem geschäftigen Alltag oft aber gar nicht zu schätzen. Wir betrachten sie entweder als selbstverständlich oder sind so sehr mit tausend anderen Dingen beschäftigt, dass sie gar keine Chance haben, in unser Bewusstsein vorzudringen. Wenn wir die Geschenke, die im Grunde für uns bereitliegen, nicht verpassen wollen, besteht eine unserer vorrangigen Aufgaben darin, achtsamer durchs Leben zu gehen und immer wieder innezuhalten, anstatt auf Autopilot zu schalten und möglichst schnell möglichst viel zu erledigen.

Den Fokus verschieben

Dankbarkeit als Übungsweg zu praktizieren setzt also voraus, das Tempo zu reduzieren und die Augen zu öffnen. Es bedeutet, den Fokus zu verschieben: weg von den Dingen, die uns gerade nicht so passen, weg von dem, was wir als Mangel in unserem Leben empfinden, hin zu der Fülle, die das Leben bietet, hin zu dem, was uns dankbar und glücklich sein lässt. Dieser Übungsweg heißt auch, sich bewusst zu sein, dass es in unserer Macht steht, unsere Gedanken und Gefühle auf eine Weise zu lenken, die uns das Leben positiver wahrnehmen lässt.

Indem wir dies bewusst tun, leugnen wir keineswegs, dass das Leben aus mehr als nur aus Nettigkeiten und Glückserlebnissen besteht. Auch ignorieren wir damit nicht die schwierigen Seiten des Lebens. Wir lenken lediglich unsere Aufmerksamkeit immer wieder ganz bewusst auf die »positiven« Seiten und nehmen uns Zeit dafür, sie wertzuschätzen. Auf diese Weise sorgen wir für eine andere Gewichtung, die uns selbst guttut, aber auch den Menschen in unserer Umgebung.

Die Welt ist voller Geschenke

Es gibt so viele Dinge, Ereignisse, Begegnungen und Erlebnisse, für die wir dankbar sein können. Um den Blick dafür zu schärfen, hilft vielleicht eine Unterteilung in vier Kategorien:

1. Dankbarkeit bestimmten Personen oder Wesen gegenüber

Dabei geht es um Dankbarkeit gegenüber Menschen oder auch Tieren, die uns ganz konkret unterstützen, beschenken, trösten, beschützen, Gesellschaft leisten oder uns zuhören. Die Unterstützung kann auch darin bestehen, dass jemand den Mut aufbringt, uns mit einer zunächst unangenehmen Wahrheit zu konfrontieren, die uns letztlich weiterhilft. Unsere Familie, unsere Lebensgefährten, unsere Freunde, unsere Haustiere, unsere Nachbarn, aber auch uns völlig unbekannte Menschen, die unseren Weg kreuzen, sind hier die Adressaten unserer Dankbarkeit.

2. Dankbarkeit der Gesellschaft gegenüber, in der wir leben

Das könnte etwa Dankbarkeit für die vielen Freiheiten und Möglichkeiten sein, die wir als Bürger eines demokratischen Landes genießen, aber auch dafür, jederzeit eine Dusche nehmen zu können, im Lebensmittelladen aus einem riesigen Sortiment auswählen zu können oder eine gute medizinische Behandlung zu bekommen, wenn wir krank sind. Alles ganz und gar nicht selbstverständlich, wenn wir uns umsehen in der Welt, und absolut kein Widerspruch dazu, dass wir vielleicht auch einiges kritisch sehen mögen.

3. Dankbarkeit der ganzen Existenz gegenüber

Jeder kennt sie: die Dankbarkeit für den Sonnenschein, das Vogelgezwitscher, die Schönheit eines Sonnenuntergangs, den Blick von einem hohen Berg über ein weites Tal, den Geruch von frisch gemähtem Gras oder von Regenluft an einem schwülen Tag – Dankbarkeit für Dinge also, die uns unser Dasein ganz intensiv spüren und genießen lassen. Aber auch die Dankbarkeit für die eigene Gesundheit gehört in diese Kategorie. Für manche von uns ist der Adressat dieser Dankbarkeit die Natur, für andere ein göttliches Wesen.

4. Dankbarkeit mir selbst gegenüber

Sich selbst dankbar sein zu können ist ein wichtiger Teil unserer Selbstliebe. Es bedeutet, unsere eigenen Fähigkeiten und Eigenschaften wertzuschätzen und uns dafür zu achten, wie wir mit den Geschenken der Natur, der Gesellschaft oder anderer Menschen umgehen, und dass wir uns für unsere eigene Entwicklung Zeit nehmen und unser Potenzial nutzen.

Wofür bin ich dankbar?

Als Einstimmung schlage ich vor, die folgenden Fragen zu beantworten. Nimm dir etwa zehn Minuten Zeit und schreibe auf, was dir in den Sinn kommt.

1. Wofür bin ich den Menschen dankbar, die mir am nächsten stehen (Eltern, Partner, Kinder, gute Freunde)?

2. Wofür bin ich ganz allgemein dankbar?

3. Wofür bin ich mir selbst dankbar?

Ehrlichkeit hat oberste Priorität

Wie ging es dir beim Beantworten der Fragen auf der vorigen Seite? Fiel es dir leicht, Dinge zu finden, für die du dankbar bist? Hättest du gern noch viel mehr geschrieben? Oder hattest du das Gefühl, deinen Eltern oder auch Kindern gegenüber mehr Dankbarkeit empfinden zu müssen, als du es gegenwärtig tust? Schau dir deine Liste noch einmal kurz an und sei ehrlich mit dir selbst. Möchtest du vielleicht etwas wieder streichen oder noch etwas hinzufügen?

Dankbarkeit ist kein Weichspüler

Den Fokus auf Dankbarkeit zu lenken sollte uns nicht dazu verführen, unser Leben mit einem klebrigen Zuckerguss zu überziehen, der mit echter Dankbarkeit gar nichts zu tun hat. Es geht hier auch nicht um einen Wettbewerb im Dankbarsein, bei dem derjenige gewinnt, der die meisten Punkte sammelt. Entscheidend ist vielmehr, dass wir uns zwar für das Gefühl der Dankbarkeit öffnen, dabei aber ehrlich bleiben und uns selbst nicht belügen.
Als ich eine ähnliche Schreibübung wie die auf der vorigen Seite vor ein paar Monaten mit einer Freundin machte, hatte sie bei der Frage, wofür sie ihren Eltern dankbar sei, nur ganz wenige Punkte aufgeschrieben. Sie erklärte mir, vor ein paar Jahren hätte sie sicherlich noch eine lange Liste aufgeschrieben, doch derzeit sei sie an einem Punkt der Aufarbeitung ihrer Geschichte mit ihren Eltern, an dem sie erkennen müsse, wie viel ihr eigentlich gefehlt habe. Für die Dinge, die sie aufgeschrieben habe, könne sie aber trotzdem aus ganzem Herzen dankbar sein – und zwar gerade deshalb, weil sie keine weiteren »dazugedichtet« habe, die derzeit eben nicht ihrer inneren Wahrheit entsprächen. Diese Worte meiner Freundin haben mich sehr berührt, und ich war ihr überaus dankbar für ihre Ehrlichkeit, die auch bei mir dazu führte, ein paar Dinge, die ich aufgeschrieben hatte, noch einmal in Frage zu stellen und zu korrigieren.

Ich möchte dich deshalb ausdrücklich dazu ermuntern, dich nicht unter Druck zu setzen und nicht irgendwelchen Vorstellungen zu folgen, wofür du eigentlich dankbar sein müsstest.

Der sicherste Weg, das echte Gefühl der Dankbarkeit zu verfehlen, besteht darin, sich dazu zu zwingen. Dann machen wir genau das mit uns, was unsere Eltern in unserer Kindheit – ohne böse Absichten – oft mit uns gemacht haben. Doch das hatte den Effekt, dass wir entweder, zumindest innerlich, in Widerstand gegangen sind oder gar Schuldgefühle entwickelt haben, weil wir nun mal überhaupt keine Dankbarkeit fühlten.

Routine ist ein Feind der Dankbarkeit

Das Gefühl der Dankbarkeit, wie ich es weiter vorne mit dem Zugbeispiel zu beschreiben versucht habe, geht nicht einher mit Gedanken wie »Jetzt muss ich aber dankbar sein«. Es ist einfach ein angenehmes Gefühl, das mit Freude, mit einer spontanen Öffnung des Herzens und einem inneren »Ja, wie schön!« direkt mit dem Erlebten verbunden ist. Da wir in unserem Alltag vieles als selbstverständlich hinnehmen und mit einer gewissen Routine funktionieren, taucht dieses spontane Gefühl der Dankbarkeit häufiger in Situationen auf, in denen wir etwas Überraschendes und Unerwartetes erleben, mit dem wir nicht gerechnet haben.

Wahrscheinlich sind Gewohnheit und Routine die größten »Feinde« der Dankbarkeit, vermitteln sie uns doch das Gefühl, alles im Griff zu haben und keine Unterstützung oder keinerlei Geschenke zu brauchen. Je stärker unser Leben von vermeintlichen Sicherheiten geprägt ist, desto mehr neigen wir dazu, uns als unabhängig und getrennt vom Rest der Welt wahrzunehmen. Wer mehr Risiken eingeht und sich Situationen aussetzt, in denen er unsicher ist und sich neu orientieren muss, ist daher auch potenziell viel empfänglicher für Dankbarkeit. Denn er erlebt, dass nicht nur sein eigenes Handeln und seine individuellen Fähigkeiten, sondern auch viele andere Faktoren darauf einwirken, ob sich eine Situation positiv entwickelt oder nicht.

Offen und empfänglich bleiben

Ich erinnere mich noch sehr gut an meine erste Thailandreise, die ich allein unternahm. Da stand ich einmal in Chiang Mai an einer für mein europäisches Empfinden völlig chaotischen Hauptverkehrsstraße und hatte keine Ahnung, wie ich es anstellen sollte, sie zu überqueren, ohne überfahren zu werden. Nachdem ich dort einige Minuten wie gelähmt verharrt hatte, nahm mich plötzlich eine Person, der meine Hilflosigkeit offensichtlich aufgefallen war, an der Hand und zog mich, ohne mich anzusprechen, einfach mit sich über die Straße. Der feste Griff dieser Hand vermittelte mir Sicherheit, und gleichzeitig war ich so überrascht, dass ich gar nicht anders konnte, als einfach mitzugehen. Auf der anderen Straßenseite angelangt, lächelte mich der ältere Herr noch kurz an, um dann wortlos im Gewühl zu verschwinden. Ich war noch immer sprachlos vor Erstaunen.

An einem anderen Tag kam ich gegen Abend mit der Bahn in einem Ort an, von dem aus ich mit dem Bus noch ein Stück weiterfahren musste. Der Busbahnhof war völlig unübersichtlich für mich, und vor allem konnte ich die thailändischen Schriftzeichen auf den Bussen nicht entziffern, hatte also keine Ahnung, wie ich mich orientieren sollte. Schließlich konnte ich einer Frau begreiflich machen, wohin ich fahren wollte. Sie nahm mich an der Hand und übergab mich der Obhut einer Familie, die dasselbe Ziel hatte und die dann wiederum darauf aufpasste, dass ich in den richtigen Bus einstieg und auch zum richtigen Zeitpunkt wieder ausstieg.

Ich weiß noch genau, dass mich das Gefühl der Dankbarkeit jeweils weit über die jeweilige Situation hinaustrug, vermittelte es mir doch ein wunderbares Gefühl von Vertrauen und Aufgehobensein. Diese Menschen hatten erkannt, dass ich Unterstützung brauchte – und sie mir auf völlig unspektakuläre Weise und ohne irgendwelche Erwartungen an mich einfach gegeben. Ich fühlte mich gesehen und verbunden mit ihnen, obwohl ich sie doch so gut wie gar nicht kannte. Aber genau das ist es, was Dankbarkeit in uns bewirken kann: Sie macht uns glücklich, weil wir spüren, dass wir keine isolierten Wesen sind, sondern in Verbindung mit einer Welt, die uns nährt.

» Jeder Tag sollte zu einem Dankfest werden, an dem ihr an alle Gaben denkt, die das Leben euch schenkt.«

PARAMAHANSA YOGANANDA

Lass dich vom Leben überraschen!

Ursula Richard, eine seit vielen Jahren mit buddhistischer Psychologie und Philosophie vertraute Autorin, zitiert in ihrem sehr lesenswerten Buch »Die drei Pfeiler des Glücks: Achtsamkeit, Freude, Dankbarkeit« den Benediktinermönch Bruder David Steindl-Rast, der das Verhältnis von Glück und Dankbarkeit auf fast provokante Art und Weise definiert. Normalerweise betrachten wir Dankbarkeit als Reaktion auf glückliche Momente im Leben. Bruder David Steindl-Rast dreht das um, indem er sagt:

> »Wir sind glücklich, weil wir dankbar sind,
> wir sind nicht dankbar, weil wir glücklich sind.«

Das Schöne an dieser Umkehrung ist, dass wir also auch in zunächst schwierigen Lebenssituationen etwas für unser Glück tun können, indem wir uns in Dankbarkeit üben. Dankbarkeit, so Bruder David, entsteht, indem wir uns von scheinbar Selbstverständlichem überraschen lassen – und dazu brauchen wir einen offenen Blick und einen Geist, den man im Zen-Buddhismus den Anfängergeist nennt. Keine Frage, wir sind im Alltag auch auf unsere Erfahrungen und routinierte Abläufe angewiesen, um zu überleben und effektiv zu arbeiten. Aber oft fehlt uns ein Gegengewicht dazu.

Mit Überraschungen ist das ja auch so eine Sache: Zwar freuen wir uns über schöne Überraschungen, aber im Prinzip ziehen wir Sicherheit und Kalkulierbarkeit einer Überraschung fast immer vor – es könnte ja schließlich auch eine »böse« Überraschung sein. Allemal könnte sie uns irritieren oder gar aus der Bahn werfen. Der Preis, den wir für diese durch Routine gewonnene, scheinbare Sicherheit bezahlen, ist allerdings hoch – zu hoch! Denn wenn wir uns nicht mehr überraschen lassen, so Bruder David, gehen wir wie benommen durchs Leben. Wir funktionieren dann mehr, als dass wir leben, und unsere Fähigkeit, uns neugierig auf Unbekanntes einzulassen und uns selbst und andere immer wieder neu kennenzulernen, schrumpft. Mit der folgenden Übung kannst du in deinem Alltag immer wieder ins Staunen geraten.

 ÜBUNG

Ist das nicht erstaunlich?

Von Bruder David stammt die Idee, die Frage »Ist das nicht erstaunlich?«
als eine Art Achtsamkeitswecker zu benutzen. Gerade weil sie so einfach ist,
möchte ich dir diese kleine Übung ans Herz legen.

- ❧ Schreibe den Satz »Ist das nicht erstaunlich?« auf mehrere Zettel und
  verteile sie in deiner Wohnung und an deinem Arbeitsplatz. Lege
  auch einen Zettel in dein Portemonnaie oder deinen Kalender.

- ❧ Wenn du die Übung mit einem Freund oder einer Freundin teilen
  möchtest und ihr beide viel am Computer sitzt oder Smartphones
  besitzt, dann könntet ihr auch vereinbaren, euch zwei- oder dreimal
  am Tag eine E-Mail oder eine SMS mit dieser Frage zu schicken.
  Sei fantasievoll!

- ❧ Wenn du den Satz liest, halte kurz inne und versuche wahrzunehmen, mit welchen Geschenken das Leben dich heute oder gerade
  jetzt überrascht.

Wenn man mit dieser Frage durchs Leben geht, wächst nicht nur das Gefühl
der Dankbarkeit. Sie vertreibt auch Langeweile und Besserwisserei.

Ein Netzwerk für Dankbarkeit

Weil Dankbarkeit im Zentrum seiner Arbeit steht, noch ein paar Worte zu
Bruder David Steindl-Rast. Bevor er Benediktinermönch wurde, studierte er
Kunst, Anthropologie und Psychologie. Aber auch nach seinem Eintritt in ein
Benediktinerkloster in den USA blieb er offen für andere religiöse Traditionen

und interessierte sich vor allem für den Buddhismus. Er lebte sogar einige Zeit in einem Zen-Kloster, wo er Zen-Meditation praktizierte. »Das dankbare Leben ist die große Frucht meiner Begegnung mit dem Buddhismus«, sagte er einmal in einem Interview, das auch auf seiner Website nachzulesen ist. Diese interaktive Website – www.gratefulness.org – ist offen für Menschen aller Konfessionen und ist es wirklich wert, besucht zu werden (siehe Adressen und Links Seite 175). Bruder Davids Anliegen ist es, dass sich über diese Website Menschen aus aller Welt über das Thema »Dankbarkeit« miteinander verbinden und gegenseitig unterstützen können.

Dankbarkeit und politisches Engagement

Erstaunlich an diesem Mann, der 1926 geboren wurde, ist nicht nur seine Aufgeschlossenheit gegenüber den neuen Medien. Beeindruckend ist auch sein politisches Engagement, das deutlich zeigt, dass die Praxis der Dankbarkeit einen keinesfalls davon abhalten sollte, auf Missstände und Ungerechtigkeiten in unserer Welt aufmerksam zu machen und sich für andere einzusetzen. »Viele Menschen gehen fälschlicherweise davon aus, Spiritualität sei so etwas wie ein abgetrennter Bereich des Lebens, so etwas wie das Penthouse unserer Existenz. In Wahrheit ist sie aber nichts anderes als ein waches Gewahrsein, das alle Gegebenheiten und Möglichkeiten unseres Seins umfasst.« So lautet sinngemäß übersetzt eines der »Words for the day« von Bruder David, die täglich auf seiner Website veröffentlicht werden und die man auch als Mail-Abo erhalten kann. Mit seinen über 80 Jahren engagiert er sich auch heute noch politisch, verschickt Aufrufe, unterzeichnet Petitionen und verbreitet Informationen über das Internet.

Auch wenn wir uns auf die positive Sicht des Lebens konzentrieren, sollten wir uns also nicht dazu verleiten lassen zu negieren, dass es Dinge in unserem und im Leben anderer Menschen gibt, die nach Veränderung schreien, die nicht zufriedenstellend und nicht angemessen sind, und diese schon gar nicht mit einem Mäntelchen aus vermeintlicher Dankbarkeit überdecken.

Positive Geisteszustände kultivieren

Vereinfacht gesagt versucht man in der buddhistischen Praxis einerseits, das loszulassen, was Leid verursacht, und andererseits, das zu kultivieren, was uns und anderen zugutekommt, also die positiven Geistes- und Gefühlszustände wie Liebe, Freude und Mitgefühl. Dabei handelt es sich um die sprichwörtlichen zwei Seiten einer Medaille, die beide naturgemäß gleich wichtig sind, und zwar als Voraussetzungen für Glück und Zufriedenheit. Obwohl das Verankern des Positiven im Grunde viel schneller positive Wirkungen zeigt, ist diese Seite bei uns seltsamerweise weniger populär als das viel beschworene Loslassen.

Loslassen statt anhaften

Im Westen wird dieser Aspekt oft stärker betont, was in gewisser Hinsicht auch verständlich ist, passt er doch hervorragend zu unserem Bedürfnis nach Entschleunigung und Ruhe. Wir fühlen uns überflutet von Informationen und Anforderungen und sehnen uns danach, diesen Ballast loszuwerden. Doch so einfach ist das freilich nicht. Denn gleichzeitig möchten wir auch festhalten und bewahren, was uns lieb und angenehm ist. Erst wenn wir anerkennen, dass Leben Wandel bedeutet und dass jegliche Anhaftung – auch und gerade an die Dinge, die wir nicht loswerden wollen, sondern an denen wir sehr hängen – uns über kurz oder lang Kummer bereiten wird, können wir uns wirklich befreien vom Leiden. In diesem buddhistischen Verständnis ist Loslassen zweifellos ein sehr wichtiger, aber auch schmerzlicher und langwieriger Weg. Der aus Vietnam stammende Mönch Thich Nhat Hanh, einer der bekanntesten buddhistischen Lehrer und Autor vieler Bücher, betont, dass alle Geisteszustände – »negative« ebenso wie »positive« – in einem Speicherbewusstsein liegen und durch bestimmte Situationen aktiviert werden. Bei den »negativen« Geisteszuständen empfiehlt er, sie liebevoll anzunehmen, wie eine Mutter ihr weinendes Kind. Denn kümmern wir uns in dieser Weise um sie, dann können sie sich auflösen und wieder zurück in das Speicherbewusstsein gehen. Als Samen bleiben sie dann zwar dort, werden jedoch mit der Zeit immer schwächer, wenn wir lernen, nicht gegen sie anzukämpfen, sondern sie anzunehmen und für sie Sorge zu tragen, ohne sie auszuleben.

Angenehme Erinnerungen als Ressource

Die »negativen« Geistes- und Gefühlszustände verlieren aber auch an Kraft, wenn wir uns verstärkt den »positiven« zuwenden und deren Samen wässern. Thich Nhat Hanh betont immer wieder, wie wichtig es ist, diese zu kultivieren. Oder wie der amerikanische Meditationslehrer Jack Kornfield es ausdrückt:

»Das Herz gleicht einem Garten. Es kann Mitgefühl oder Angst, Groll oder Liebe wachsen lassen. Was für Keimlinge willst du darin anpflanzen?«

Wir werden später noch sehen, dass die moderne Gehirnforschung diese Vorstellung auf ihre Weise bestätigt. Und auch die meisten modernen psychotherapeutischen Richtungen arbeiten sehr stark ressourcenorientiert und legen größten Wert darauf, neben der Aufarbeitung schwieriger Themen herauszufinden, was einen nährt und heilt. Dabei kann Dankbarkeit eine große Rolle spielen. Ich glaube, jeder findet sich ab und zu in Situationen wieder, in denen es ihm nicht gelingen will, der gegenwärtigen Lage etwas Positives abzugewinnen. Obwohl das Leben im Hier und Jetzt so wichtig ist, wäre es doch unklug, würden wir nicht auch unsere positiven Erinnerungen als Ressource für uns nutzen. Denn jeder von uns trägt ein solches Schatzkästchen mit sich herum. Es enthält positive Erinnerungen an Situationen, in denen wir dankbar und glücklich waren. Mit dem Dankbarkeitstagebuch kann es noch deutlich vergrößert werden.
In der folgenden Meditation geht es darum, durch bewusstes Erinnern einer Situation voller Dankbarkeit das damit einhergehende Körpergefühl und alle Nuancen dieser Empfindung möglichst stark in dir zu verankern, sodass du sie immer wieder abrufen kannst.

Das Dankbarkeitsgefühl in dir verankern

Nimm dir zehn Minuten Zeit für eine kleine Meditation, in der du versuchst, möglichst genau zu erspüren, wie sich Dankbarkeit für dich anfühlt.

- Setze dich aufrecht, aber bequem auf einen Stuhl oder auf ein Meditationskissen auf dem Boden und schließe die Augen.

- Richte deine Aufmerksamkeit jetzt ganz auf deinen Körper. Mit welchen Körperteilen berührst du den Boden oder den Stuhl? Spürst du Wärme oder Kälte? Gibt es Stellen, die sich verspannt anfühlen, die womöglich schmerzen? Wo fühlt es sich besonders gut an? Wie fließt dein Atem? Nimm einfach nur wahr, wie es ist, versuche nichts zu verändern, sondern sei ganz gelassen und liebevoll mit dir selbst. Nimm dir Zeit, im Körper anzukommen.

- Lasse dann eine Erinnerung an eine Situation in dir aufsteigen, in der du Dankbarkeit empfunden hast. Das kann in letzter Zeit gewesen sein, es kann aber auch eine alte Erinnerung sein. Wichtig ist nur, dass du ganz in diese Erinnerung eintauchen kannst. Was war das für eine Situation? Hat ein Mensch, ein Tier oder eine Naturerscheinung das Gefühl der Dankbarkeit in dir ausgelöst? Was hat dieses Wesen gemacht? Und vor allem: Wie hat sich das in dir, in deinem Körper angefühlt? Hat dein Atem sich verändert? Konntest du spüren, wie dein Brustraum sich geweitet hat und Verspannungen von dir abgefallen sind? Ist ganz automatisch ein Lächeln entstanden? Welche Gefühle waren da? Einfach nur Freude oder vielleicht auch ein Berührtsein, das deine Tränen hat fließen lassen? Spüre ganz genau hinein in diese Erfahrung und lasse sie deinen Körper ganz ausfüllen.

❧　Wenn du den Eindruck hast, das Gefühl wirklich in seiner Tiefe erkundet und ausgekostet zu haben, nimm einige tiefe Atemzüge, bewege zunächst die Hände und öffne dann die Augen, um wieder zurückzukehren in den Alltag.

Wenn du möchtest schließe gleich noch eine kleine Schreibübung an.

Wie fühlt sich meine Dankbarkeit an?

Notiere stichwortartig, welche Empfindungen du bei der vorangegangenen Dankbarkeitsmeditation hattest. Bewerte nichts, füge nichts hinzu, lasse nichts weg. Alles ist okay, was du empfunden hast.
Wenn du diese Dankbarkeitsübung immer mal wieder machst, kann sie dir dabei helfen, das Gefühl der Dankbarkeit in dir zu verankern und damit den »Samen« dieser Gefühls- und Geisteshaltung in dir zu stärken. Experimentiere ruhig mit verschiedenen Erinnerungen, bleibe aber innerhalb einer Übung bei einer Situation und gehe ganz in die Details der Empfindung.

Wie der Fokus auf das Gute unser Gehirn verändert

Interessanterweise bestätigt auch die moderne Gehirnforschung, dass es uns sehr zugutekommt, unsere Aufmerksamkeit bewusst mehr auf positive Erfahrungen zu lenken als auf negative. Unser Gehirn, das durch unsere Erlebnisse und das, was wir aufnehmen, nach und nach geformt wird, tut nämlich von Natur aus das Gegenteil. Warum das so ist, erklärt sich aus unserer Geschichte, waren unsere Urahnen doch sowohl Beute als auch Jäger. Es gab so viel zu fürchten, dass wir nicht von ungefähr ängstlich wurden und unser Gehirn bis heute negative Informationen normalerweise schneller entdeckt als positive. Wenn wir beispielsweise in einen Raum kommen, in dem sich mehrere uns unbekannte Personen befinden, werden wir jemanden, der ein finsteres Gesicht macht oder eine potenziell bedrohliche Geste ausführt, schneller wahrnehmen als jemanden, der freundlich lächelt und ruhig auf seinem Stuhl sitzt.

Der amerikanische Neuropsychologe und Meditationslehrer Rick Hanson erklärt in seinem Buch »Das Gehirn eines Buddha« (siehe Literatur Seite 174) sehr eindrücklich, wie unser Gehirn funktioniert. Alles, was wir erleben, wird im Gehirn gespeichert, und je häufiger wir bestimmte Erfahrungen machen, desto stabiler werden bestimmte Synapsenverbindungen. Sehr intensive Eindrücke lassen sich später explizit erinnern. Der größte Teil der Prägung des Geistes bleibt jedoch für immer außerhalb unseres Bewusstseins. Über diesen unbewussten Teil schreibt Hanson: »Man nennt dies das implizite Gedächtnis, und es umfasst Ihre Erwartungen, Ihre Beziehungsmodelle, Ihre emotionalen Neigungen und Ihre generelle Einstellung.« Das implizite Gedächtnis, das im Gehirn durch bestimmte Strukturen abgebildet wird, ist somit entscheidend dafür, wie wir uns selbst und unsere Umwelt wahrnehmen und empfinden. Das hat zur Folge: Je mehr schlechte Erfahrungen wir machen und je mehr negative Erlebnisse wir ansammeln, desto stärker dominieren diese unser Gehirn. Dieser Effekt wird, wie oben bereits erklärt, noch dadurch verstärkt, dass das Gehirn von Natur aus dazu neigt, eher Negatives festzuhalten und zu speichern als Positives.

Sich vom Guten wirklich berühren lassen

Die Lösung besteht nicht etwa darin, negative Erfahrungen zu unterdrücken, deren Auftreten wir nicht verhindern können, weil sie nun mal Teil unseres Lebens sind. Aber es liegt an uns, positive Erfahrungen zu fördern und sie so in uns aufzunehmen und zu verinnerlichen, dass sie zu einem ständigen Teil von uns werden. Dabei kommt es aus der Sicht der Neuropsychologie darauf an, aus positiven Tatsachen gute Erfahrungen zu machen, unsere positiven Erlebnisse also auch emotional aufzunehmen, sie zu fühlen und ihnen unsere ganze Aufmerksamkeit zu schenken.

Wenn wir etwas Schönes bemerken, dann sollten wir uns davon berühren lassen, es möglichst intensiv in uns aufnehmen. Denn je länger wir eine Sache im Gewahrsein halten und je stärker sie uns emotional stimuliert, umso mehr Neuronen feuern gemeinsam und verdrahten sich. Erlaube dir also, regelrecht zu baden im Gefühl der Dankbarkeit, ganz einzutauchen in dieses Gefühl und nicht zu schnell wieder zum Alltag überzugehen. Dann entsteht eine Spur im Gedächtnis, die wir auch später immer wieder abrufen und als Ressource in schwierigen Zeiten nutzen können.

In diesem Sinne kann man die Wirkung eines Dankbarkeitstagebuches, wie ich es dir in diesem Buch ans Herz legen möchte, also sogar gehirnphysiologisch begründen. Denn je mehr und je öfter du dich auf die Kultivierung deiner Wertschätzung konzentrierst und den Momenten, in denen die Dankbarkeit auftaucht, Aufmerksamkeit schenkst, desto stabiler wird diese Synapsenverbindung positiver Erfahrungen in deinem Gehirn. Das gilt auch, wenn wir bisher eher dazu geneigt haben, unsere Aufmerksamkeit auf die schwierigen Seiten des Lebens zu lenken und damit der archaischen, naturgemäß „miesepetrigen" Seite unseres Gehirns gefolgt sind, die immer eine Attacke aus dem Hinterhalt befürchtet. Gehirnforscher haben nämlich in der Zwischenzeit herausgefunden, dass die so genannte neuronale Plastizität, also die Formbarkeit unseres Gehirns durch Erfahrungen, von ganz wenigen Hirnregionen abgesehen unser ganzes Leben lang besteht. Wir können unser Gehirn also bis ins hohe Alter formen! Ist das nicht wunderbar?

»Dankbarkeit ist der Schlüssel zur Lebensfreude.
Wir halten diesen Schlüssel in unseren eigenen Händen.«

DAVID STEINDL-RAST

Geschenke annehmen und Dankbarkeit ausdrücken

Wenn wir Dankbarkeit empfinden, geht damit meist automatisch das Bedürfnis einher, etwas weiterzugeben von diesem Geschenk, das wir bekommen haben, es mit anderen zu teilen. Manchmal möchten wir dem Menschen, der uns beschenkt hat, direkt etwas zurückgeben. Manchmal fühlen wir uns aber auch wie ein überfließender Kelch – ein bisschen wie verliebt – und würden gern die ganze Welt an diesem Gefühl teilhaben lassen.

Annehmen will gelernt sein

Im ersten Fall sollten wir darauf achten, von welchem Impuls dieses Zurückgeben-Wollen gesteuert ist: Kommt der Antrieb aus dem Gefühl der inneren Fülle und Verbundenheit, oder kommt er aus dem Glaubenssatz, dass man im Leben nichts geschenkt bekommt, sondern sich alles hart erarbeiten muss? Diese Unterscheidung ist nicht immer ganz einfach, weshalb wir uns angewöhnen sollten, in solchen Situationen erst einmal einen Moment innezuhalten und in uns hineinzuspüren.

Stelle dir folgende Alltagssituation vor: Du erlebst einen dieser Tage, an denen sich alles gegen dich verschworen zu haben scheint. Du überhörst das Klingeln des Weckers und gerätst dadurch total unter Zeitdruck. Beim Blick in den Badezimmerspiegel würdest du am liebsten kehrtmachen und dich wieder ins Bett verkriechen. Vor dem Kleiderschrank stehend kannst du beim besten Willen nichts finden, das deinem strengen Urteil standhält. Und dann vergisst du vor lauter Hektik auch noch den Regenschirm, verpasst den Bus und kommst deutlich zu spät und klatschnass im Büro an. Am liebsten möchtest du dich verstecken, doch da läuft dir auch schon eine Kollegin entgegen, die dich anstrahlt und dir sagt, wie gut dir der Pullover, den du heute trägst, steht. Im Übrigen hat sie den Termin, den du schon um acht Uhr gehabt hättest, gern für dich übernommen.

Was machst du jetzt? Kannst du das Kompliment einfach annehmen, deiner Kollegin für ihre Unterstützung danken und dich entspannt an den Schreibtisch setzen? Oder spürst du neben dem Gefühl der Erleichterung auch ein gewisses Unbehagen, das dir sagt: »Verdammt, jetzt stehe ich aber in der Schuld meiner Kollegin und muss mir was einfallen lassen, um da wieder rauszukommen«? Neigst du dazu, in einem solchen Fall nebst einem lauwarmen Dankeschön auch noch etwas in der Art von »Dein neuer Rock steht dir aber auch ganz hervorragend« zu sagen, obwohl du das eigentlich gar nicht findest – einfach deshalb, weil du die Situation entspannen willst?

Bevor du vorschnell etwas zurückgibst, halte einen Moment inne und spüre, was in dir vorgeht. Im Zweifelsfall machst du der Person, die dir etwas Nettes sagen oder für dich tun wollte, eine weitaus größere Freude, wenn du sie an deiner Freude über ihr Geschenk teilhaben lässt als mit einer Geste des Zurückgebens, mit der du den anderen eher zurückweist.

Du bist es wert, beschenkt zu werden

Nicht selten ist es ein Zeichen von mangelndem Selbstwertgefühl, von zu wenig Selbstliebe, wenn wir uns schwertun, echte Dankbarkeit zu fühlen und auszudrücken. Wer mit dem Glaubenssatz durch die Welt geht, es nicht wert zu sein, etwas geschenkt zu bekommen, hat Schwierigkeiten, Geschenke anzunehmen, läuft er doch immer Gefahr, sich in der Schuld der anderen zu fühlen. Wenn sich das Gefühl der Dankbarkeit aber vermischt mit Schuldgefühlen und einem Gefühl der eigenen Minderwertigkeit, verliert es seine Unschuld. Leichtigkeit, Verbundenheit und Freude, also Empfindungen, die der Dankbarkeit doch eigentlich innewohnen, werden verdrängt von Schuldgefühlen. Verständlicherweise versuchen wir dann, Situationen zu vermeiden, in denen wir uns dankbar fühlen und das zeigen müssten.

Manche Menschen versuchen, dieses Problem über Geld zu lösen, und machen sich vor, für etwas, das sie doch bezahlt und sozusagen erarbeitet haben, nicht dankbar sein zu müssen. Andere versuchen, so autonom zu leben, dass sie das Gefühl haben, alles aus eigener Kraft zu schaffen, niemanden zu brauchen – und damit auch niemandem dankbar sein zu müssen. Beides sind Trugschlüsse, mit denen wir uns einer wichtigen Glücksquelle berauben.

Warum Selbstliebe so wichtig ist

Der XIV. Dalai Lama und auch andere bekannte spirituelle Lehrer aus Asien haben bei verschiedenen Vorträgen betont, wie entsetzt sie immer wieder darüber sind, einen so großen Mangel an Selbstwertgefühl und Selbstliebe bei vielen Menschen im Westen festzustellen. Wahrscheinlich liegt eine Ursache dieses scheinbar kollektiven Problems darin, dass wir uns sehr stark über Leistung definieren und den überhöhten Ansprüchen an uns selbst nie genügen können. Auch äußerlich gesehen erfolgreiche Menschen sind davon betroffen, oft sogar noch mehr als andere, weil sie in ein besonders großes Loch fallen, wenn sie mal nicht aktiv sind. Konfrontiert mit ihrem Sein – allein zu Hause oder in einer Urlaubssituation –, spüren sie plötzlich, wie wenig sie eigentlich mit sich selbst anfangen können, wie fremd sie sich sind und wie gering sie sich selbst schätzen – jenseits ihres äußerlichen Erfolgs und der Anerkennung durch andere.

Ohne Selbstliebe fällt es uns jedoch nicht nur schwer, Dankbarkeit zu kultivieren. Ein Mangel an Selbstakzeptanz steht vielmehr auch jeglicher Persönlichkeitsentwicklung im Weg und stellt ebenfalls ein großes Hindernis auf jedem spirituellen Weg dar.

Dankbarkeit gründet auf Demut und Selbstliebe

Es mag sich zunächst paradox anhören, aber um Dankbarkeit empfinden zu können, brauchen wir sowohl ein gesundes Maß an Selbstliebe als auch eine innere Haltung, die für mein Empfinden mit dem etwas altmodisch klingenden Wort »Demut« am besten ausgedrückt werden kann. Demut, wie ich sie verstehe, bedeutet nicht, sich klein zu machen, sich abzuwerten oder sich zu unterwerfen, sondern vielmehr, sich selbst als Teil eines größeren Ganzen zu fühlen und diese Verbundenheit immer wieder ganz konkret zu erfahren. Diese Demut erfordert kein Büßergewand, sondern unterstützt uns dabei, die Beziehung zu unserer Umwelt zu erkennen. Sie hilft uns zu entspannen, wenn die Dinge nicht ganz so laufen, wie wir uns das vorgestellt haben, weil ihr das Wissen zugrunde liegt, dass wir nicht alles selbst in der Hand haben. Und sie lässt uns Situationen und Dinge, die gut für uns sind und an denen wir uns erfreuen können, als Geschenke erkennen – und nicht nur als eigene Leistungen oder Belohnungen für zuvor erbrachte Anstrengungen.

Demut wirkt entspannend

Ohne uns aus unserer Selbstverantwortung zu entlassen – und das ist ganz wichtig! –, nimmt uns Demut doch die Last des enormen Anspruchs, alles allein schaffen zu müssen. Etwas arrogant schauen wir oft auf Menschen etwa in Indien, die daran glauben, dass ein großer Teil ihres Lebens vom sogenannten Karma bestimmt wird, und die deshalb oft gelassener – wir nennen das dann gern »fatalistischer« – auch schwierigste Lebensumstände als gegeben hinnehmen können.

Jenseits der berechtigten Kritik am Kastensystem und an sozialer Ungerechtigkeit übersehen wir dabei jedoch, dass die innere Haltung der Demut und das Gefühl des Eingebundenseins in einen größeren Zusammenhang diese Menschen wirklich gelassener und zufriedener sein lassen, als es die meisten Menschen in den reichen Nationen sind. Im Gegensatz zu uns nämlich fühlen sich Inder nicht so schnell als Versager, und sie werden von ihrer Umwelt auch nicht als solche wahrgenommen, wenn etwas schiefläuft.

Freilich hat auch praktizierte Demut ihren Preis: Sie gerät leicht in Konflikt mit unserem Ego, das sich zwar gern entlasten ließe, wenn uns etwas nicht gelingt. Seine Erfolge zu teilen und dankbar zu sein liegt ihm jedoch weniger, weil es dadurch an Größe und Bedeutung verliert. Die Kunst besteht meines Erachtens nicht darin, das Ego, das wir im Alltag sehr wohl brauchen, ganz und gar aufzugeben, wie das manchmal gefordert wird. Ich denke vielmehr, dass unser Ich sich gar nicht aufblähen muss, wenn wir eine gesunde Selbstliebe entwickeln. Diese geht nämlich immer mit einem soliden Selbstbewusstsein einher, das nicht darauf angewiesen ist, sowohl Schwierigkeiten als auch Erfolge immer nur auf sich selbst zu beziehen.

Liebe dich selbst!

In diesem Sinne möchte ich dir zum Abschluss dieses Kapitels zwei Meditationen zur Stärkung der Selbstliebe vorstellen, die man getrennt, aber auch gut ineinander übergehend üben kann.

Den ersten Teil der Meditation habe ich bei meinem srilankischen Meditationslehrer Godwin Samararatne kennengelernt. Er legte sie mir nahe, nachdem ich in einem längeren Gespräch beständig an mir selbst und meinen Leistungen herumkritisiert hatte. Ich war damals bei einem längeren Retreat sehr von Rücken- und Kopfschmerzen geplagt, jedoch ohne jegliches Mitgefühl mit mir selbst. Meines Erachtens war ich allein schuld daran, weil ich in den Monaten zuvor nur selten meditiert hatte. Deshalb wollte ich in diesem Gespräch von ihm hören, wie ich meine Disziplin verbessern könnte. Innerlich war ich sozusagen schon ganz auf eine Moralpredigt und strenge Worte eingestellt. Ich werde nie vergessen, wie er mich stattdessen gütig und liebevoll anblickte. Es sei doch wunderbar, dass ich jetzt hier sei, und ich solle doch bitte nett zu mir sein, waren seine Worte. Und statt Hinweisen zur Disziplin bekam ich diese spezielle Meditationsanweisung zur Selbstliebe.

Der zweite Teil der Übung ist eine traditionelle buddhistische Meditationstechnik, nämlich die Meditation der Liebenden Güte, auch Metta-Meditation genannt. Bei dieser Meditation beginnt man mit guten Wünschen für sich selbst und dehnt das dann auf andere Menschen beziehungsweise alle Wesen aus. Weil es hier um Selbstliebe geht, habe ich mich allerdings auf den ersten Aspekt konzentriert, nämlich auf die Metta-Meditation für sich selbst. Der zweite Teil folgt im nächsten Kapitel auf Seite 60.

Meditation für die Selbstliebe

Bei dieser Meditation kannst du dich auch anlehnen, wenn sich das besser anfühlt, denn es ist sehr wichtig, dass du dich nicht unnötig anstrengst. Achte aber darauf, dass deine Atmung dadurch nicht eingeschränkt wird.

Teil 1: Ich liebe dich so, wie du bist

- Setze oder lege dich bequem hin, schließe die Augen und atme ruhig und natürlich ein und aus. Spüre die Unterlage und die Berührungspunkte deines Körpers mit dem Boden, dem Kissen oder Stuhl und gib so viel Gewicht ab wie möglich.

- Wenn du zur Ruhe gekommen bist, sammle dich in deiner Herzregion und lasse vor deinem inneren Auge ein Bild von dir selbst als kleinem Kind entstehen. Werde in deiner Vorstellung selbst zu diesem Kind: Wie fühlt es sich? Ist es allein oder gut behütet? Sehnt es sich nach jemandem, der es ganz so annimmt, wie es ist?

- Erschaffe in deiner Vorstellung jetzt ein Wesen. Das kann eine Person sein, die es in deinem Leben tatsächlich gab oder gibt, oder auch ein Fantasiewesen, das dem kleinen Kind all das gibt und sagt, wonach es sich sehnt, zum Beispiel: »Ich bin immer für dich da.« »Ich liebe dich genau so, wie du bist.« »Du brauchst dich nicht anzustrengen, um geliebt zu werden.« Finde die Sätze, die dein Kind braucht, um sich entspannen zu können.

- Schlüpfe nun du als erwachsene Person in deiner Vorstellung in dieses wunderbare Wesen hinein, halte dein inneres Kind, wiederhole noch einmal die Sätze, die dem Kind besonders gutgetan haben und bei denen es sich entspannen konnte.

- ❧ Wenn du das Gefühl hast, für den jetzigen Moment genügend Selbstliebe aufgetankt zu haben, versprich dem Kind auch noch, dass du jederzeit wieder für es da sein wirst, wenn es dich braucht.

- ❧ Du kannst jetzt langsam zurückkehren in den Alltag oder übergehen zur folgenden Metta-Meditation. Wenn du die Meditation abschließen möchtest, lasse dir Zeit dafür und bewahre das Gefühl, geliebt zu werden und dich selbst zu lieben – ohne jegliche Bedingung.

Teil 2: Metta-Meditation für sich selbst

- ❧ Schicke dir jetzt selbst gute Wünsche, indem du innerlich die folgenden Sätze sprichst: »Möge ich glücklich und zufrieden sein. Möge ich sicher und geborgen sein. Möge ich gesund sein und frei von Schmerzen. Möge ich mein Leben mit Leichtigkeit meistern.«

- ❧ Wiederhole diese Sätze immer wieder und wandle die Formulierungen für dich um, wenn sie dir nicht stimmig erscheinen. Wichtig ist, dass du sie nicht nur mechanisch vor dich hinsprichst, sondern dir wirklich von Herzen alles Gute wünschst. Erlaube dir, dich selbst zu nähren mit dem Gefühl der liebenden Güte.

- ❧ Es kann durchaus sein, dass es dir trotzdem am Anfang seltsam vorkommt, dich selbst in dieser Weise anzusprechen. Lasse dich davon aber nicht irritieren. Wenn du Formulierungen gefunden hast, die sich für dich prinzipiell stimmig anfühlen, dann bleibe dabei und vertraue darauf, dass unzählige Menschen schon seit Jahrhunderten diese Meditation praktiziert und von ihr profitiert haben.

- ❧ Nimm dir mindestens zehn Minuten für diese Meditation und kehre dann langsam und achtsam in den Alltag zurück.

Was konnte ich heute schenken?

Aus Dankbarkeit entsteht ganz selbstverständlich der Wunsch, unser Glück großzügig mit anderen zu teilen und wahrzunehmen, womit wir ihnen etwas Gutes tun oder sie unterstützen können.

Großzügigkeit als Übungsweg

Dankbarkeit und Großzügigkeit gehören, wie wir im letzten Kapitel gesehen haben, in gewisser Weise zusammen, erwächst das Bedürfnis, großzügig zu sein, doch ganz natürlich aus dem Gefühl der Dankbarkeit. Beide Qualitäten bringen uns in Kontakt mit der Fülle des Lebens, und beide lassen uns die Erfahrung der Verbundenheit machen. Damit können sie uns in schwierigen Zeiten von dem schmerzlichen Gefühl befreien, einsam, isoliert und für niemanden von Bedeutung zu sein. Nicht von ungefähr betrachtet man beide Qualitäten auch in der modernen Glücksforschung als wesentliche Faktoren für ein Leben in Harmonie und Zufriedenheit – dafür sind sie sogar wesentlich wichtiger als zum Beispiel materieller Wohlstand und die berufliche Karriere, denen wir doch oft sehr viel mehr Bedeutung beimessen.

Obwohl Großzügigkeit in unserer Gesellschaft durchaus als positive Eigenschaft gesehen wird, gilt sie doch eher als Luxus denn als etwas elementar Wichtiges. Meiner Erfahrung nach wird schon in der Kindererziehung, aber auch in späteren beruflichen Ausbildungsphasen hierzulande wesentlich mehr Wert auf Durchsetzungs- und Abgrenzungsfähigkeit gelegt als auf die Fähigkeit, achtsam mit anderen umzugehen und großzügig mit ihnen zu teilen. »Mein« und »Dein« wird in der Regel sehr groß geschrieben, und auch unsere Zeit schenken wir anderen nur selten, weil wir vermeintlich immer etwas Wichtigeres zu tun haben. Wir unterscheiden, ob wir etwas für uns oder für andere tun, und geizen mit Letzterem, ohne zu begreifen, dass wir mit Großzügigkeit nicht nur andere, sondern auch uns selbst in vielfältiger Weise beschenken können. Großzügiges Geben macht uns nicht ärmer, sondern reicher, weil es unser Herz öffnet und uns glücklich macht.

Wie die Dankbarkeit können wir auch die Großzügigkeit zu einem Übungsweg machen, und zwar indem wir unsere Wahrnehmung darauf richten, was wir zu geben haben und womit wir andere unterstützen oder ihnen eine Freude machen können. Deshalb soll sich auch eine der täglichen drei Fragen um sie drehen.

Die Stufen der Großzügigkeit im Buddhismus

Großzügiges Geben spielt im Buddhismus als eine Form des Loslassens eine große Rolle. Traditionell lebten buddhistische Mönche allein von Spenden, also von dem, was ihnen freiwillig gegeben wurde, wenn sie zum Beispiel jeden Morgen mit ihren Bettelschalen für ihr Essen durch die Straßen zogen. Dieser Bettelgang der Mönche wurde und wird interessanterweise immer als Chance für die Menschen, die ihnen etwas geben dürfen, gesehen. Die Mönche sind also keineswegs arme Bittsteller, die froh sein müssen über die Gaben; vielmehr bieten sie den anderen Gelegenheiten, sich im Loslassen zu üben und ihre Großzügigkeit zu kultivieren.

Zögerndes Geben

Die bekannte Meditationslehrerin Marie Mannschatz beschreibt in ihrem Buch »Buddhas Anleitung zum Glücklichsein« (siehe Literatur Seite 174) drei Stufen des Gebens. Die erste Stufe ist das sogenannte zögernde Geben. Sie zeichnet sich dadurch aus, dass man etwas verschenkt, was man eigentlich selbst nicht mehr so recht brauchen kann. Das können Kleidungsstücke oder Bücher, ein Fahrrad oder eine Kamera sein – Dinge jedenfalls, die man nicht mehr benutzt, die aber auch zu gut zum Wegwerfen sind. Auch wenn der Beschenkte sich darüber freut, gibt der Schenkende doch etwas, das ihm nicht mehr wirklich am Herzen liegt. Auf diese Weise zu geben ist deshalb aber noch lange nicht schlecht, insbesondere dann, wenn der Schenkende sich Gedanken darüber macht, wer sich über das, was er hergeben möchte, tatsächlich freuen könnte.

Geschwisterliches Geben

Beim sogenannten geschwisterlichen Geben ist man schon großzügiger. Hier geht es vor allem darum, etwas, das einem selbst wichtig und wertvoll ist, mit einem anderen Menschen zu teilen. Dabei kann es sich um etwas Materielles handeln, es kann aber auch die tatkräftige Unterstützung sein, die man jemandem anbietet. Wenn ich zum Beispiel ein Auto besitze und es einer guten Freundin für eine Urlaubsreise zur Verfügung stelle oder wenn ich einem Freund, der selbst sehr ungeschickt oder unerfahren ist, mit meiner Erfahrung beim Anlegen seines Gartens helfe, dann ist das geschwisterliches Geben. Meist gehen wir bei dieser Art des Gebens davon aus, dass es dafür auch wieder eine Art von Ausgleich geben wird. Für das Ausleihen des Autos kann ich zum Beispiel ein anderes Mal die Ferienwohnung der Freundin nutzen, und der ungeschickte Freund hilft mir vielleicht bei der Steuererklärung. Auch daran gibt es nichts zu kritisieren, denn auf diese Weise unterstützen wir uns gegenseitig und versichern uns der Verbundenheit mit unserer Familie und unseren Freunden.

Königliches Geben

Beim sogenannten königlichen Geben schließlich ist dem Schenkenden die Freude des Beschenkten wichtiger als sein eigener Besitz. Er verschenkt etwas, das ihm selbst sehr am Herzen liegt, er lässt einen anderen teilhaben an seinen Fähigkeiten, ohne im Gegenzug irgendetwas zu erwarten. Eine besondere Form dieses königlichen Gebens ist das anonyme Schenken, bei dem der Gebende gar nicht in direkten Kontakt mit dem Beschenkten tritt, sodass dieser sich also gar nicht bei ihm bedanken kann. Der auf diese Weise königlich Gebende erfreut sich also ausschließlich am Akt der Großzügigkeit selbst und hegt keinerlei Erwartungen darüber hinaus.

Das hört sich im ersten Moment vielleicht abgehoben an, ist es aber gar nicht. Wenn wir zum Beispiel für ein soziales Projekt Geld spenden, sind wir königlich Gebende – vorausgesetzt, es geht uns nicht primär um die Spendenquittung fürs Finanzamt. Aber auch wenn wir jemanden unterstützen, von dem wir mit hoher Wahrscheinlichkeit nichts zurückbekommen werden, oder jemanden einladen, den wir nie wieder sehen werden, gehört das in die Kategorie des königlichen Gebens.

Buddhistische Lehre auf Spendenbasis

Eine herausfordernde Art des Gebens ist die noch heute in vielen buddhistischen Seminarhäusern übliche Spendenpraxis für die Lehrerhonorare. Man bezahlt einen festen Betrag für Unterkunft und Verpflegung im Seminarhaus und manchmal auch noch eine kleine Summe für die Reisekosten des Lehrers. Die Lehre selbst aber wird traditionell kostenlos weitergegeben. Die Schüler beziehungsweise Seminarteilnehmer geben dem Lehrer eine Spende, deren Höhe sie selbst bemessen können – je nachdem, wie viel Geld sie besitzen und was ihnen dieses Seminar wert war. Sie geben ihm diese Spende aber nicht etwa persönlich, sondern legen ihr Geld in eine bereitstehende Spendenbox. Das Ganze geschieht also völlig anonym.

In der asiatischen Tradition gehört die Spendenpraxis ganz unauflöslich und selbstverständlich zum Umgang mit Mönchen und anderen Weisheitslehrern. In unserer Gesellschaft ist es jedoch etwas vollkommen Unübliches, eine Leistung – in Form eines Seminars – zu erhalten, ohne dass einem dafür ein fester Preis genannt wird. Ich kann mich noch gut erinnern, dass ich mich die ersten Male ziemlich unsicher und unwohl dabei gefühlt habe. Für die Lehrer, die ja keine Mönche sind, sondern wie alle anderen Menschen ihr Auskommen finanzieren müssen, ist diese Tradition ebenfalls alles andere als einfach, weshalb es auch immer wieder Diskussionen darüber gibt, ob sie in unserer Gesellschaft heutzutage wirklich praktikabel ist.

Aber wie auch immer man das sehen mag: Für die Teilnehmer solcher Seminare ist es immer wieder spannend zu beobachten, was in einer solchen Situation in ihnen vorgeht. Man hat die Möglichkeit, nach eigenem Ermessen etwas zu geben, was ja an sich schon nicht ganz einfach ist. Und dann kommt auch noch dazu, dass derjenige, dem man etwas gibt, noch nicht einmal weiß, wie viel oder wie wenig man ihm gibt. Man hat weder mit einem freudigen Dankeschön noch mit einem enttäuschten Blick zu rechnen. Da ringen Dankbarkeit, Großzügigkeit und Mitgefühl auf der einen Seite gewaltig mit Geiz, Gier und Anhaftung auf der anderen Seite – eine Herausforderung, mit der zu experimentieren durchaus interessant ist.

Die Wurzeln unserer Großzügigkeit

Wie wir Großzügigkeit empfinden und leben, ist oft stark geprägt von der Familientradition, in der wir großgeworden sind. Wenn »wir geben nichts« das Motto deiner Familie war und man dir immer eingeschärft hat, dich ja nie ausnutzen zu lassen, wirst du dich wahrscheinlich schwerer tun mit Großzügigkeit als jemand, in dessen Familie Gastfreundschaft und die Unterstützung anderer als selbstverständlicher Teil der Familienkultur galt. Überfordere dich also nicht mit zu hohen und unrealistischen Ansprüchen an dich selbst und verurteile dich nicht, wenn dir das Geben immer wieder schwerfällt.

Beobachte einfach, wie es ist, und experimentiere ab und zu damit. Es geht hier nicht um einen Wettbewerb, in dem der Großzügigste einen Preis gewinnen könnte, sondern vielmehr darum, anderen und dir selbst etwas Gutes zu tun, ohne dies zu überhöhen. Großzügigkeit kann auf so unterschiedliche Weise gelebt werden, und es gibt keinen Grund dafür, mit etwas zu beginnen, das dir am schwersten fällt. Wenn du jemand bist, der seine Großzügigkeit am besten auf einer tätigen Ebene leben kann, indem du dich zum Beispiel um die Kinder deiner Nachbarin kümmerst, ist das wunderbar. Es ist aber genauso gut, auf einer materiellen Ebene großzügig zu sein, wenn du gerade wenig Zeit, aber dafür mehr Geld hast. Schau einfach, was für dich möglich ist, womit du schon gute Erfahrungen gemacht hast – und probiere ab und zu etwas für dich Ungewohntes aus.

Eine Bekannte von mir, die nicht gern Besuch in ihrer Wohnung hatte, entschloss sich zum Beispiel einmal dazu, während eines Kongresses zwei Teilnehmer, die sie überhaupt nicht kannte, bei sich aufzunehmen. Sie, die sonst große Schwierigkeiten damit hatte, wenn jemand ihre Ordnung durcheinanderbrachte, war völlig überrascht davon, wie viel Freude sie daran hatte, ein paar Tage lang ihre Wohnung mit ihr völlig fremden Menschen zu teilen. Ihr Experiment war rundum gelungen.

Wenn du magst, nutze die folgende kurze Schreibübung dafür, dir ein paar Gedanken über dein Verhältnis zur Großzügigkeit und die Art, wie du sie am besten leben kannst, zu machen.

Was bedeutet Großzügigkeit für mich?

Nimm dir etwa zehn Minuten Zeit und schreibe auf, was dir in den Sinn kommt, ganz ohne Anspruch auf Vollständigkeit.

1. Welche Rolle spielt Großzügigkeit in meiner Familie?

2. Wie kann ich meine Großzügigkeit besonders gut leben?
Was gebe ich gern, was fällt mir leicht zu geben?

3. Was hindert mich daran, großzügig zu sein?
Was würde mir helfen, das zu verändern?

»Sich immer wieder in Freigebigkeit üben – das ist ein Loslassen, das großen Segen bringt.« BUDDHA

Das beste Mittel gegen Gier

Was hat es eigentlich mit der Gier auf sich, von der in buddhistischen Kreisen so oft die Rede ist, und inwiefern steht die Gier unserer Großzügigkeit im Weg? Die Gier gilt im Buddhismus als eine der Hauptursachen für jegliche Art von Leiden, wobei unter Gier alle Formen von Etwas-haben-und-behalten-Wollen verstanden werden.

In ihrer Essenz ist Gier etwas, das uns Menschen zutiefst innewohnt, weil sie mit unserem Selbsterhaltungstrieb verbunden ist. In diesem Sinne ist Gier auch nicht schlecht oder moralisch verwerflich, sondern schlicht und ergreifend ein Teil unseres Menschseins. Unsere Aufgabe besteht allerdings darin zu lernen, mit unserer Gier umzugehen, anstatt uns einfach von ihr bestimmen zu lassen. Wenn Letzteres der Fall ist, verhalten wir uns nämlich wie der berühmte Esel, der verzweifelt der Karotte hinterherläuft, die mit einer Rute an seinem Halfter festgemacht ist und deshalb letztlich unerreichbar für ihn vor seiner Schnauze hin und her baumelt. Der Unterschied besteht dann nur darin, dass wir die Karotte in der Regel selbst vor uns aufhängen und sofort durch eine andere Karotte ersetzen, wenn wir sie doch einmal erwischt haben. Nach dem Motto »Wenn ich erst dieses oder jenes habe, wird es mir gut gehen« bleibt die vielversprechende Karotte unerreichbar für uns und wird unsere Gier stets aufs Neue entfachen. Jeder von uns hat schon zur Genüge die Erfahrung gemacht, wie kurz die Freude über etwas, von dessen Besitz wir uns so viel versprochen haben, letztendlich Bestand hat. Und obwohl jeder im Grunde seines Herzens auch weiß, dass nichts von Dauer ist, sondern alle Dinge und Beziehungen dem Wandel beziehungsweise der Vergänglichkeit unterworfen sind, fällt es uns so schwer, daraus Konsequenzen zu ziehen. Großzügigkeit zu kultivieren kann uns dabei helfen, die Gier zu mäßigen, indem wir unsere Aufmerksamkeit immer wieder von der Karotte weglenken und sie auf andere Menschen oder Wesen und deren Wünsche oder Bedürfnisse richten. Statt »Was brauche ich jetzt?« stellen wir uns die Frage »Was kann ich jetzt geben?«.

Zur Großzügigkeit gehört auch Toleranz

Großzügig zu geben und loszulassen kann auch heißen, anderen Menschen mehr Raum zuzugestehen und sie in ihrer Andersartigkeit zu akzeptieren. Insbesondere für diejenigen, die dazu neigen, alles um sich herum zu kontrollieren, und die tendenziell immer zu wissen glauben, was gerade richtig ist, kann der Übungsweg der Großzügigkeit auch bedeuten, andere in ihrem So-Sein zu unterstützen und ihre eigenen Vorstellungen loszulassen.

Dazu ein Beispiel aus meiner eigenen Geschichte: Als mein Mann vor vielen Jahren für ein paar Monate zu mir in meine damalige kleine Wohnung zog, kam es immer wieder zu Unstimmigkeiten zwischen uns, weil er sich nicht an alle meine – mir bis dahin gar nicht so bewussten – Regeln halten wollte. Das Ganze kulminierte in einer Auseinandersetzung darüber, wo denn der Kasten mit dem Mineralwasser stehen sollte, für den ich natürlich einen ganz bestimmten Platz vorgesehen hatte. »Und du bist dir wirklich sicher, dass er nur und ausschließlich auf diesem Platz stehen kann?«, fragte er mit einem Grinsen im Gesicht. In diesem Moment musste ich lachen und konnte plötzlich sehen, wie absurd meine festgefahrenen Vorstellungen doch waren. Danach wurde unser Zusammenleben wesentlich angenehmer für uns beide.

Schau dir dein Leben mal unter dem Gesichtspunkt der Großzügigkeit an. Wenn dein Partner zum Beispiel den Wunsch hat, ein paar Tage allein wegzufahren oder ein Seminar zu besuchen, könntest du ihm diese Freiheit lassen oder ihn sogar darin bestärken, anstatt an deiner Vorstellung festzuhalten, dass man als gutes Paar doch immer den ganzen Urlaub gemeinsam verbringen muss. Es gibt sicherlich auch in deinem Leben unzählige Möglichkeiten, dich deinem Partner, deinen Kindern, Freunden oder Kollegen gegenüber großzügig zu verhalten.

Aber auch die Bereitschaft, ohne Bedingungen zu verzeihen und sich mit jemandem zu versöhnen, der einen verletzt hat, ist ein Akt der Großzügigkeit, der sehr wohltuend sein kann. Wie oft machen wir uns das Leben unnötig schwer, wenn wir kleine Verletzungen geradezu kultivieren, anstatt loszulassen und uns zu öffnen für eine neue, heilsame Begegnung!

Den Weg der Mitte gehen

Wie schon gesagt – aber ich denke, man kann das gar nicht oft genug betonen –, geht es nicht darum, sich mit überhöhten Ansprüchen zu überfordern, sondern vielmehr darum, eine gute Balance zu finden. Buddha selbst hat allen Extremen – und zu seiner Zeit galt ja das extreme Asketentum in Indien als höchste Stufe der Erleuchtung – eine klare Absage erteilt und seine Lehre als »Weg der Mitte« bezeichnet. Wie bei der Dankbarkeit gilt es auch beim Thema Großzügigkeit, ehrlich mit sich selbst und anderen zu sein und herauszufinden, was sich richtig und gut anfühlt. In dem Moment, in dem man aus einem moralischen Anspruch heraus zu viel gibt oder für andere tut, ohne mit dem Herzen wirklich dabei zu sein und den Impuls zur Großzügigkeit in sich zu spüren, geht der Schuss schließlich nach hinten los. Ich denke, jeder kennt das Gefühl, sich für jemand anderen zu sehr verausgabt oder ihm zu große Geschenke oder Zugeständnisse gemacht zu haben, was letztlich dazu führt, dass wir uns ausgebrannt fühlen und oft auch wütend auf den anderen werden, ohne dass der etwas dafür kann.

Grundsätzlich sollten wir uns immer fragen: »Kann ich das, was ich jetzt für jemanden tue (oder ihm schenke), tun, ohne im Gegenzug etwas dafür von dieser Person zu erwarten?« Diese Frage sollten wir uns wirklich ehrlich beantworten, und wenn wir bemerken, dass wir insgeheim zu große Erwartungen an unser Geschenk gekoppelt haben, sollten wir uns besser erst einmal zurückhalten oder uns überlegen, ob es nicht auch eine Nummer kleiner geht.

Teilen sollte sich gut anfühlen

Bei kleinen Kindern kann man gut beobachten, dass Großzügigkeit, Loslassen oder Teilen gelernt sein will und dass dies ein nicht immer ganz einfacher Prozess ist. Die meisten kleinen Kinder tun sich am Anfang zum Beispiel ziemlich schwer damit, einen Ball, den sie bekommen haben, mit anderen zu teilen. Erst wenn sie begreifen, dass Ballspielen allein nur bedingt Spaß macht, zu zweit oder mit mehreren dafür umso mehr, sind sie bereit zu diesem

Schritt. Bei uns Erwachsenen ist es letztlich auch nicht viel anders. Auch wir müssen immer wieder die Erfahrung machen, wie viel mehr Freude es machen kann, etwas mit anderen zu teilen, als es ganz für uns allein zu behalten. Wir können dann auch noch einen Schritt weiter gehen und – um im Bild des Ballspiels zu bleiben – uns daran erfreuen, anderen beim Spielen zuzuschauen, ohne selbst daran beteiligt zu sein, unseren Ball also nicht nur zu teilen, sondern wirklich zu verschenken.

Mit Sicherheit hast du in deinem Leben schon viele positive, vielleicht aber auch negative Erfahrungen mit Großzügigkeit gemacht. Um dich für den Übungsweg der Großzügigkeit zu öffnen, ist es wichtig, an deine bisherigen positiven Erfahrungen anzuknüpfen. Dabei kann dich die folgende Meditation unterstützen.

 ÜBUNG

Wie sich Großzügigkeit anfühlt

Diese Meditation soll dir dabei helfen, das positive Gefühl, das echte Großzügigkeit auslösen kann, intensiv zu spüren und so in dir zu verankern, dass du es immer wieder abrufen und dich damit motivieren kannst, großzügig zu sein.

- ❧ Setze dich aufrecht, aber bequem hin, schließe die Augen und nimm ein paar tiefe Atemzüge. Komm zur Ruhe, indem du mit deiner Aufmerksamkeit den Ein- und Ausatembewegungen deines Körpers eine Weile folgst.

- ❧ Erinnere dich an eine Situation, in der du deine Großzügigkeit so richtig ausleben und genießen konntest. Eine Situation, in der du ganz aus deiner eigenen inneren Fülle heraus etwas verschenken oder jemanden mit etwas unterstützen konntest.

- ❧ Versuche dich möglichst genau zu erinnern: War es eine spontane Geste deinerseits, oder hast du dir vorher genau überlegt, was du für den anderen tun oder was du ihm schenken könntest? Warst du aufgeregt oder unsicher, ob dein Geschenk auch angenommen wird?

- ❧ Wie fühlte es sich an, die Freude der beschenkten Person zu erleben? Kannst du dich an deine Körperempfindungen dabei erinnern? Gab es eine bestimmte Körperregion, in der du es besonders gut spüren konntest? Wie lange hat das positive Gefühl angedauert?

- ❧ Nimm dieses Gefühl mit in deinen Alltag. Sei dir bewusst, wie viel du anderen zu geben hast und wie gut es sich anfühlen kann, großzügig zu sein – ganz ohne Anstrengung und ohne ein negatives Gefühl von Verpflichtung.

Was Großzügigkeit mit Selbstbewusstsein zu tun hat

Bist du bei der letzten Meditation an einen Punkt gekommen, an dem ein Angstgefühl aufgetaucht ist, oder sind dir Bedenken in den Sinn gekommen in Bezug auf deine Großzügigkeit? Wie mangelnde Selbstliebe ein Hindernis für Dankbarkeit sein kann, so kann uns mangelndes Selbstbewusstsein im Weg stehen, wenn es um Großzügigkeit geht. Denn Großzügigkeit setzt voraus, dass wir davon ausgehen, etwas zu geben zu haben, was andere erfreuen könnte. Es gibt leider viele Menschen, die eigentlich gern etwas geben würden, sich aber aus Schüchternheit oder aus Angst vor Ablehnung nicht trauen, jemand anderem etwas anzubieten.

Ich kenne das sehr gut aus meiner Jugendzeit, in der ich ziemlich massive Probleme mit meinem Selbstwertgefühl hatte. Aber auch heutzutage passiert es mir noch manchmal, dass ich gern jemanden zu etwas einladen oder ihn unterstützen würde, aber zögere, weil ich befürchte, dem anderen nicht das bieten zu können, was er braucht. Früher dachte ich, dieses Problem würde sich automatisch lösen, wenn mein Selbstbewusstsein eines Tages besser sei. In der Zwischenzeit habe ich die Erfahrung gemacht, dass manchmal nichts daran vorbeiführt, sich einfach ein Herz zu fassen und über seinen Schatten zu springen, auch wenn man sich unsicher fühlt dabei.

Es ist nämlich keineswegs notwendig, vor Selbstbewusstsein zu strotzen, um anderen etwas anbieten zu können. Denn es funktioniert genauso gut auch umgekehrt: Wir können unser Selbstbewusstsein stärken, indem wir großzügig sind und uns auf diese Weise die Erfahrung ermöglichen, dass wir sehr wohl sehr viel zu geben haben und andere damit erfreuen können.

Großzügig sein in schwierigen Zeiten

Auch wenn wir natürlicherweise eher dazu neigen, großzügig zu sein, wenn wir uns gut und stark fühlen, kann es sehr hilfreich sein, sich gerade dann in Großzügigkeit zu üben, wenn wir uns schlecht und wertlos fühlen. Das ist durch verschiedene psychologische Studien belegt. Menschen, die sich in schwierigen Lebenssituationen karitativ betätigen, die anderen Menschen oder auch Tieren unentgeltlich helfen, kommen nachgewiesenermaßen wesentlich besser mit ihrer Situation zurecht als diejenigen, deren Gedanken sich nur um sich selbst und ihren Kummer drehen.

Dabei geht es nur am Rande um Ablenkung von den eigenen Problemen, sondern im Wesentlichen darum, den gesunden Kern in sich selbst zu aktivieren. Großzügigkeit kann in diesem Sinne eine äußerst wirksame Ressource sein. Sich dabei nicht zu übernehmen, sondern immer wieder darauf zu achten, in Balance zu bleiben, ist freilich die Kunst dabei. Denn keinem ist damit geholfen, wenn wir uns als »hilflose Helfer« verausgaben und uns im Grunde von denjenigen, die wir vermeintlich unterstützen, unsere Daseinsberechtigung bestätigen lassen beziehungsweise Anerkennung und Dankbarkeit bekommen wollen.

»Großes Mitgefühl ist wie ein wunscherfüllender Edelstein. Es erfüllt die eigenen Hoffnungen und die der anderen.« SHAKBAR

Achtsamkeit für die Bedürfnisse anderer

Es erscheint so banal, und doch ist es manchmal gar nicht so einfach: mitzubekommen, welche Bedürfnisse andere Menschen haben, woran es ihnen gerade fehlt, wonach sie sich sehnen. Wir sind einfach viel zu oft so stark mit uns selbst beschäftigt, so sehr in Eile, so wenig im Moment, dass wir nicht aus Böswilligkeit, sondern einfach aus Achtlosigkeit übersehen, wie wir jemandem – vielleicht ja nur mit einer kleinen Geste – etwas Gutes tun könnten. Achtsamkeit für die Bedürfnisse anderer zu entwickeln ist aber genau genommen die Basis für Großzügigkeit. Sonst kann es nämlich auch passieren, dass man jemandem ein Geschenk macht, das er überhaupt nicht brauchen kann – und hinterher sind beide Seiten frustriert.

Neulich erzählte mir jemand die kuriose Geschichte von einer alten, gehbehinderten Dame, die an einer Straßenkreuzung stand und auf ein Taxi wartete. Ein junger Mann mit zugestöpselten Ohren, der laut Musik hörte, sah die Dame und wollte ihr etwas Gutes tun, indem er sie mitsamt ihrer Tasche auf die andere Seite geleitete. Ihren leisen Widerstand nahm er gar nicht zur Kenntnis, weil er ihn nur als Ängstlichkeit interpretierte. In der Zwischenzeit kam der Taxifahrer, sah niemanden an der verabredeten Stelle stehen und fuhr weiter. Die alte Dame war natürlich alles andere als erfreut über die vermeintliche Hilfeleistung des jungen Mannes und bat schließlich einen Passanten darum, ihr ein anderes Taxi zu rufen.

Ich glaube, solche Geschichten geschehen in abgewandelter Form gar nicht so selten, und keiner ist davor gefeit, selbst in bester Absicht mit einem Geschenk danebenzuliegen. Die Gefahr eines Missverständnisses wird allerdings deutlich geringer, wenn wir versuchen, eine Situation achtsam zu erfassen. Das heißt im Wesentlichen, uns genügend Zeit dafür zu lassen, dem anderen zuzuhören oder zu beobachten, was gerade passiert, ohne uns gleichzeitig mit etwas anderem zu beschäftigen. Wenn wir jemandem etwas Gutes tun wollen, erfordert das unsere volle Präsenz – ja, vielleicht kann man sogar sagen, dass unsere volle Präsenz das eigentliche Geschenk für den anderen ist.

Mitgefühl und Mitfreude

Großzügigkeit steht in enger Beziehung mit zwei anderen Qualitäten, die – getragen von Achtsamkeit – das menschliche Miteinander wesentlich verbessern können: Mitgefühl und Mitfreude. Nur dann nämlich, wenn wir uns in unsere Mitmenschen einfühlen können, spüren wir, was sie brauchen, und können uns mit ihnen darüber freuen, wenn wir es ihnen geben können. Beides sind Qualitäten, die in uns angelegt sind und die wir schon bei Kindern beobachten können. Sie stehen jedoch im Widerstreit mit unserer Gier, bei der es ja immer nur um uns selbst geht, aber auch mit Gefühlen wie Angst, Eifersucht oder Konkurrenzdenken. Jeder kennt von sich selbst Zustände oder gar Lebensphasen, in denen er kaum in der Lage ist, empathisch mit anderen Menschen zu sein, sich in sie einzufühlen und für sie da zu sein. Keiner sollte deshalb von sich verlangen, das immer gleichermaßen zu können.

Metta-Meditation – liebende Güte für andere entwickeln

In der buddhistischen Tradition gibt es verschiedene Meditationen, die ganz speziell der Entwicklung von Mitgefühl gewidmet sind. Dazu gehört zunächst das Mitgefühl mit sich selbst, wie wir es bereits im vorigen Kapitel kennengelernt haben (siehe »Meditation für die Selbstliebe«, Seite 40), und schließlich das Mitgefühl mit anderen Menschen und allen lebendigen Wesen, wie ich es dir auf der folgenden Seite vorstelle.

Viele Meditationslehrer empfehlen, diese Metta-Meditation (übersetzt: Meditation der Liebenden Güte) vor oder nach jeder Atem-Achtsamkeitsmeditation zu praktizieren, weil sie das Herz öffnet und uns weit und weich macht. Nach meiner Erfahrung ermöglicht die Metta-Meditation insbesondere in Situationen, in denen wir in Konflikte mit anderen verwickelt sind, zumindest während der Zeit der Meditation daraus auszusteigen und so etwas wie inneren Frieden zu erfahren. Kleinere Konflikte lösen sich manchmal sogar von selbst durch die Meditation.

Metta-Meditation für dich und andere

Diese Meditation fördert Mitgefühl und Herzenswärme. Wenn du spürst, dass die von mir vorgeschlagenen Formeln, die stark an der Tradition orientiert sind, in dir keine Resonanz auslösen, wandle sie ab und suche nach Formulierungen, die dein Herz berühren.

- ❧ Nimm eine für dich bequeme, aber möglichst aufrechte Sitzposition deiner Wahl ein, schließe die Augen und atme ganz natürlich.

- ❧ Konzentriere dich dann auf deine Herzregion und widme zunächst dir selbst ein paar liebevolle Gedanken: »Möge ich mich sicher und geborgen fühlen. Möge ich glücklich und zufrieden sein. Möge ich gesund sein und mein Leben mit Leichtigkeit meistern.«

- ❧ Wende dich dann einem Menschen zu, den du sehr gern hast und von dem du glaubst, dass er deine liebevollen Gedanken jetzt besonders gut brauchen kann. Sage ihm in Gedanken: »Mögest du dich sicher und geborgen fühlen. Mögest du glücklich und zufrieden sein. Mögest du gesund sein und dein Leben mit Leichtigkeit meistern.«

- ❧ Gehe in deiner Vorstellung dann zunächst weiter zu verschiedenen Menschen, mit denen du verbunden bist. Nach einer Weile stellst du dir Menschen vor, denen du neutral gegenüberstehst. Und zum Schluss versuchst du, auch einen Menschen, den du nicht leiden kannst, in das Gefühl der liebenden Güte einzubeziehen.

- ❧ Lasse dir genügend Zeit für die ganze Meditation – mindestens zehn Minuten – und kehre langsam wieder in den Alltag zurück.

Bei der Metta-Meditation geht es letztlich darum, das Feld seiner liebenden Güte immer mehr auszudehnen und immer mehr Menschen und Wesen einzubeziehen. Wenn du am Anfang nicht besonders viel spürst bei dieser Meditation, ist das auch okay. Sofern du die Sätze achtsam und präsent wiederholst, werden sie eine Wirkung erzielen – und je öfter du sie sprichst, umso mehr. Bleibe aber ehrlich dabei und überfordere dich nicht damit, Menschen mit einzubeziehen, mit denen du gerade besonders große Schwierigkeiten hast. Wenn du merkst, dass es sich nicht mehr gut anfühlt, dann gehe in Gedanken wieder zurück zu dem Punkt, an dem du deine Wünsche noch mit einem guten Gefühl aussprechen kannst.

Warum uns Mitfreude oft so schwerfällt

In gewisser Hinsicht ist die Mitfreude ein Teil des Mitgefühls, wünscht man den anderen Menschen und Wesen doch zum Beispiel in der Metta-Meditation alles erdenklich Gute. Doch im Alltag macht es einen großen Unterschied, ob ich einen Menschen, dem es schlecht geht, großzügig unterstütze, oder ob ich mich mit jemandem mitfreue, der gerade ein großes Erfolgserlebnis hatte. Nur allzu oft taucht da unser Neid auf, auch wenn wir das gar nicht möchten: Dein bester Freund kriegt den Job, der auch dein Traumjob gewesen wäre. Deine Freundin bekommt einen Heiratsantrag, während du gerade verlassen wurdest. Und ausgerechnet die Kollegin, mit der du gar nicht kannst, wird befördert. Dem Freund oder der Freundin wirst du die Freude wahrscheinlich noch eher gönnen als der ungeliebten Kollegin. Doch selbst bei Menschen, die uns wirklich nahestehen, fällt es uns oft schwer, uns von Herzen mit ihnen zu freuen, wenn sie etwas bekommen, das wir selbst gern hätten. Der beste Weg aus diesem Dilemma besteht wohl darin, erst einmal sich selbst mitfühlend zu begegnen, sich etwas Gutes zu tun, anstatt sich für seine Gefühle zu verurteilen. Vielleicht ist es ja danach möglich, sich mitzufreuen. Wenn du sehr vertraut bist mit dem anderen, kannst du deine Gefühlsgemengelage eventuell sogar ansprechen – und im Idealfall dürfen alle Gefühle da sein.

Wer war heute mein Lehrer?

Wenn wir das Leben aus der Perspektive eines neugierigen Schülers betrachten, der überall nach Lehrern Ausschau hält, ersparen wir uns viel Leid und haben die Chance, an den Herausforderungen des Daseins zu wachsen.

Das Leben als Lernchance begreifen

Beim Thema Dankbarkeit haben wir bereits gesehen, wie wir durch unseren Fokus unsere Wahrnehmung der Welt und dadurch unsere eigene Realität beeinflussen können. Wir wenden uns bewusst der Fülle zu, die das Leben zu bieten hat, und öffnen uns für Geschenke. Diese Geschenke können wir vorwiegend unter dem Aspekt sehen, dass sie unser Herz für uns selbst und andere öffnen und uns in Kontakt mit Qualitäten wie Dankbarkeit, Vertrauen, Verbundenheit und Großzügigkeit bringen. Wir können sie aber auch unter dem Aspekt der Lernchance, die sie uns bieten, betrachten.

Gelegenheiten zu reifen

Von einer höheren Warte aus gesehen hat im Grunde alles, woraus wir lernen und woran wir wachsen, den Charakter eines Geschenks. Doch unserem normalen Empfinden entspricht das keineswegs – und wenn doch, dann oft erst mit großer zeitlicher Verzögerung. Die Trennung von einem Partner, der Tod eines Angehörigen, der Verlust des Arbeitsplatzes oder eine schwere Krankheit lassen uns zwar fast immer reifen und erweisen sich somit im Nachhinein auch als etwas Wertvolles. Solange wir mitten in der Situation stecken, können wir aber noch gar nicht ermessen, wie wir daraus hervorgehen werden. Unsere Aufgabe besteht wohl eher darin, die Umstände anzunehmen, wie sie sind, mit ihnen umgehen zu lernen und im Hinterkopf zu haben, dass darin vielleicht auch ein Geschenk in Form einer Chance, uns weiterzuentwickeln oder daran zu reifen, verborgen sein mag.

Deshalb und weil wir umgekehrt keineswegs alle Geschenke als Gelegenheit zu reifen betrachten müssen, sondern sie auch einfach nur dankbar entgegennehmen und genießen dürfen, möchte ich das Thema »Das Leben als Lernchance« von dem der Dankbarkeit trennen. Unsere Lehrer können sich dabei in ganz unterschiedlichen Gestalten und Zusammenhängen zeigen – und sind keineswegs immer Menschen.

Lehrer mit Vorbildcharakter

Vereinfacht gesagt gibt es zwei Arten von Lehrern im Leben: Die einen – und hier handelt es sich meist um lebende Wesen – lehren uns etwas durch ihr Vorbild, also dadurch, dass sie uns zeigen, wie sie etwas tun oder auch nicht tun. Die anderen – und hierzu zählen auch Situationen und Lebensumstände – fordern uns heraus, mit ihnen zurechtzukommen und an ihnen zu wachsen. Zu ihnen werde ich später kommen. Und schließlich gibt es auch noch Mischungen aus beiden. Oft wird gesagt, dass wir am meisten aus Fehlern oder aus schwierigen Situationen lernen – und das mag wohl auch zutreffen. Ich möchte es hier aber gar nicht bewerten, sondern vorschlagen, allen Lehrern unsere Aufmerksamkeit zu schenken.

Die großen spirituellen Gurus und Meister

In diesem Buch spielen die »großen« spirituellen Lehrer, von denen wir natürlich auch viel lernen können, indem wir ihre Vorträge oder Seminare besuchen, ihre Bücher lesen oder uns mit ihren oft sehr interessanten Lebensgeschichten beschäftigen, im Grunde keine Rolle. Ich konzentriere mich bewusst auf die »kleinen« Lehrer, die uns im Alltag begegnen, die wir aber nur allzu oft übersehen und ihnen viel zu wenig Wertschätzung zollen. Trotzdem möchte ich auch ein paar Worte zu den großen spirituellen Lehrern sagen, deren Bedeutung für mein Gefühl sowohl über- als auch unterschätzt wird. Überschätzt werden sie meines Erachtens dann, wenn wir von ihnen erwarten, dass sie uns sagen können, wo es für uns langgeht, und wir sozusagen unsere Verantwortung an sie abgeben. Insbesondere in der hinduistischen, aber auch in der Tradition des tibetischen Buddhismus gibt es die Vorstellung von einem Guru, einer väterlichen Lehrerfigur, der wir uns in aller Demut hingeben müssen, um an ihrer Weisheit teilhaben und letztlich zur Erleuchtung gelangen zu können. Dieses Guru-Schüler-Verhältnis ist weit entfernt von dem, was wir im Westen als Lehrer-Schüler-Verhältnis kennen.

Denn es impliziert eine starke Unterordnung und einen unbedingten Gehorsam des Schülers gegenüber dem Lehrer.

Was in unseren Ohren autoritär klingen mag, macht meines Erachtens durchaus auch heute noch Sinn, wenn es um die Vermittlung von komplexen Meditationstechniken geht – und da wird die Rolle eines Lehrers oft unterschätzt. Ähnlich wie man ein anspruchsvolles Handwerk oder ein Instrument normalerweise nicht ohne guten Lehrer erlernen kann, braucht man auch für das Einüben von Meditationstechniken einen »Meister« seines Fachs. Dabei macht es keinen Sinn, alles sofort zu hinterfragen – wie wir das gerne tun –, solange wir nicht selbst eine gewisse Meisterschaft erlangt haben.

Dies betont auch Bernard Glassman, Zen-Meister und einer der bekanntesten Vertreter des »Engagierten Buddhismus«. In dem Buch »Es geht ums Tun und nicht ums Siegen: Engagement zwischen Wut und Zärtlichkeit« (siehe Literatur Seite 174) schreibt er: »Ich selbst habe in meinen Anfangsjahren des Zen geglaubt, dass es unmöglich sei, ohne einen Lehrer zu praktizieren. Ich hätte zu jedem Menschen gesagt: Du kannst das alleine nicht schaffen, such dir einen Lehrer. Erst als ich viele weise Menschen getroffen hatte, die niemals einen Lehrer hatten, hat sich diese Überzeugung gelockert. Wovon ich aber immer noch überzeugt bin, ist, dass du einen Lehrer brauchst, wenn du bestimmte Techniken und Methoden lernen willst. Das ist nicht anders als beim Schreinerhandwerk auch.«

Diese Art von Hingabe an den Lehrer ist nichts anderes als Vertrauen in seine Fähigkeiten und hat nichts mit einer überkommenen Vorstellung von Unterordnung unter den Guru zu tun, die aus traditionell autoritären und patriarchalen Gesellschaften stammt und uns nicht entspricht.

Such dir, wen und was du brauchst

Ich möchte allerdings auch keine Lanze brechen für das weitverbreitete Phänomen, überall mal reinzuschnuppern und sich auf nichts einzulassen. Spiritualität wird bei uns oft wie in einem Selbstbedienungsladen angeboten und konsumiert. Dabei mag die eine oder andere Inspiration herauskommen – was sicher auch eine Chance ist. Wer jedoch nur von einem zum anderen springt, wird letztlich nicht viel mehr als ein paar schlaue Sprüche übrig behalten. Wenn ich also dazu anrege, dir zu suchen, wen und was du brauchst, dann meine ich damit eine ernsthafte Suche, verbunden mit der Bereitschaft, dich wirklich einzulassen und nicht auf der theoretischen Ebene haltzumachen, sondern selbst Erfahrungen zu sammeln. Gute spirituelle Lehrer können dich motivieren, deine eigenen Erfahrungen zu machen und deinen Weg zu gehen, ganz im Sinne der Weisheit: »Folge nicht den Spuren der Meister. Suche, was sie gesucht haben.«

Die kleinen Lehrer im Alltag

Die kleinen Lehrer können auf ganz unterschiedliche Weise auftreten: zum Beispiel als sich entspannt räkelnde Katze, wenn du selbst verkrampft an deinem Schreibtisch sitzt, oder als fröhliche Marktfrau, die dir lächelnd und in aller Ruhe einen Apfel nach dem anderen in eine Papiertüte packt, während du in Gedanken schon wieder bei deiner Arbeit bist und nervös mit den Füßen wippst. Die kleinen Lehrer, das können deine besten Freunde, deine Eltern, deine Kinder, deine Haustiere, aber auch dein Kollege, der Hausmeister oder die Verkäuferin im Supermarkt sein. Es können Menschen sein, die du kennst, die dir vertraut sind, aber auch solche, die dir nur einmal ganz kurz begegnen und die du nie wieder sehen wirst. Das einzige Merkmal, das sie verbindet, ist, dass sie etwas tun oder lassen, etwas aussprechen oder zeigen, was dir selbst guttun würde.

Wenn du um die halbe Welt reist, um dein Glück zu finden, dann kann es ein alter, mit sich und seinem Leben in Frieden lebender Mann in irgendeinem Dorf in Indien sein, der dich zum Beispiel lehren kann, das Glück in dir selbst und nicht im Außen zu suchen. Aber auch dein Partner, der an einem Regentag verschnupft, aber in sich ruhend mit einem Buch auf dem Sofa liegt, kann dir zeigen, dass Zufriedenheit nichts mit perfekten Umständen zu tun hat. Schau in allen möglichen Situationen einfach mal genauer hin, wenn du in deiner Umgebung Menschen oder auch Tiere bemerkst, die eine positive Ausstrahlung haben. Versuche zu erkunden, woran das wohl liegen könnte und ob du nicht etwas von ihnen lernen könntest.

Manchmal nehmen die kleinen Lehrer dich ja auch direkt an der Hand, um dir etwas zu zeigen: zum Beispiel das kleine Nachbarsmädchen, das du eigentlich auf die Schnelle in den Kindergarten bringen wolltest, das aber darauf besteht, sich die frisch aufgeblühten Blumen am Wegesrand genau anzusehen. Ja, es ist eine Zumutung, und die ganze Aktion wird länger dauern, als du gedacht hast. Aber vielleicht erkennst du ja, dass es auch dir guttut, einen Moment innezuhalten und die Blumen zu betrachten, anstatt durch die Gegend zu hetzen. Und die Katze, die maunzend um deine Beine streicht und gestreichelt werden will, zeigt dir vielleicht, dass du selbst dein Bedürfnis nach körperlicher Nähe deutlicher zum Ausdruck bringen solltest.

Lass dich anregen!

Kleine Lehrer, das möchte ich noch einmal betonen, sind keineswegs perfekte Wesen, denen wir in jeder Hinsicht nachstreben sollten. Sogar Menschen, von denen wir im Großen und Ganzen wenig halten, können in gewisser Hinsicht oder auch nur in einem ganz bestimmten Moment Lehrer für uns sein. Es geht also nicht darum, sie zu überhöhen oder die Erwartung an sie zu stellen, dass sie uns nun immer als Lehrer zur Verfügung stehen.

Auch hier gilt wieder die Aufforderung von David Steindl-Rast: Lasse dich überraschen! Sei neugierig und gehe offen durch dein Leben. Dann wirst du immer wieder jemanden finden, von dem du etwas lernen kannst – vielleicht ist es jemand, den du bewunderst, vielleicht aber auch jemand, dem du dich in vielerlei Hinsicht überlegen fühlst, jemand, der viel weniger Bildung oder Lebenserfahrung hat als du, jemand, dem du es zunächst einmal gar nicht zutrauen würdest, dass er dir etwas zu bieten hat. Sei einfach offen dafür und lasse dich überraschen!

Meine kleinen Lehrer

Nimm dir zehn bis fünfzehn Minuten Zeit und notiere, was dir zu deinen kleinen Lehrern in den Sinn kommt.

1. Gibt es ein paar kleine Lehrer, an die ich mich besonders gut erinnere, weil sie eine entscheidende Rolle für mein Leben gespielt haben? Wodurch zeichnen sie sich aus?

2. Welche kleinen Lehrer tauchen derzeit in meinem Alltag öfter auf? Was lehren sie mich?

Kein Grund für Neid oder Vergleiche

Es gibt so viele Lehrer, wenn man aufmerksam durch den Alltag geht, so viele Lebewesen, von denen wir etwas lernen können. Wenn wir nach solchen Lehrern Ausschau halten, gilt es allerdings zwei Dinge zu beachten: dass wir nicht neidisch werden und uns nicht vergleichen.

Nichts ist weniger produktiv und lehrreich, als sich mit anderen zu vergleichen und damit anzufangen, sich und andere zu bewerten – und doch tun wir genau das ständig. Auch wenn ein anderer Mensch eine bestimmte Situation scheinbar oder tatsächlich besser meistert als du: Schau dir an, was du daraus lernen und wie du es auf dein Leben übertragen kannst. Versuche aber nie, genauso zu sein wie der andere, denn dabei kannst du nur verlieren.

Du bist du und niemand anders

Um das an einem einfachen Beispiel zu verdeutlichen: Wenn du gerade sorgenbeladen aus dem Fenster schaust und siehst, wie zwei Raubvögel elegant durch die Lüfte schweben und sich von den Winden auf und ab tragen lassen, dann reagierst du ja auch nicht mit Neid, weil sie fliegen können und du nicht. Die Flugkunst der Vögel, die den Wind zu nutzen wissen, könnte dich allerdings auf die Idee bringen, dass deinem Leben ein bisschen mehr Leichtigkeit guttäte. Vielleicht siehst du sogar eine Möglichkeit, wie du weniger kämpfen und dich mehr vom Leben tragen lassen könntest.

Auch wenn Lehrer durchaus Vorbildcharakter für uns haben dürfen, sollte das nie dazu führen, dass wir uns selbst deshalb klein machen und in Resignation verfallen, weil wir glauben, es ja doch nie so gut hinzubekommen wie der oder die andere. Ein Vorbild sollte uns anspornen und dazu inspirieren, unsere Komfortzonen und gewohnten Strukturen zu verlassen und mal etwas anderes auszuprobieren. In der Regel funktioniert das nicht über einfaches Nachmachen, sondern indem wir uns genau überlegen, wie der Transfer auf unser Leben und unsere Möglichkeiten und Eigenschaften aussehen könnte, sodass wir dabei authentisch bleiben.

»Was immer wir heute als Problem ansehen, bedeutet nicht, dass es auch morgen noch ein Problem sein wird.«

AYYA KHEMA

Herausforderungen als Lehrer

Die zweite Kategorie der Lehrer zeichnet sich dadurch aus, dass sie uns provoziert und unseren Widerstand herausfordert. Diese Lehrer können sich zum Beispiel als morgendlicher Stau bei der Fahrt zur Arbeit, als für unser Empfinden zu langsamer oder übereifriger Kollege, als Erkältung zu Beginn des Urlaubs oder als unabhängigkeitsliebender Partner zeigen. Ein Grenzfall zwischen »positivem« kleinem Lehrer und einer Herausforderung wäre zum Beispiel das vorhin beschriebene kleine Mädchen mit der Blume, das unsere Geduld auf eine harte Probe stellen kann.

Zudem gibt es die großen Herausforderungen, an denen wir wachsen können, also Situationen, die wir auch oft als Schicksalsschläge erleben; dazu gehören ungewollte Kündigungen, Trennungen von Partnern, schwere Krankheiten, Todesfälle von Angehörigen oder Freunden oder gar Kriege.

In Tibet gibt es ein traditionelles Gebet, in dem man darum bittet, es möge einem das Maß an Problemen und Schwierigkeiten geschickt werden, das man zu meistern in der Lage ist. Meiner Erfahrung nach funktioniert das auch ganz oft so. Ich möchte an dieser Stelle aber trotzdem dazu raten, sich – sofern das Leben da mitspielt – zunächst einmal vor allem den kleineren, weniger dramatischen und emotional leichter zu bewältigenden Herausforderungen als Lehrer zuzuwenden.

Es ist, wie es ist

Das wohl größte Hindernis auf dem Weg, die Lernchancen wahrzunehmen, die das Leben uns bietet, ist unser Widerstand, die Dinge so zu akzeptieren, wie sie sind. Zugegebenermaßen ist das oft auch nicht gerade einfach. Wir freuen uns nach einer arbeitsreichen Woche auf das Wochenende, wollen endlich mal die Sonnenterrasse genießen oder eine schöne Wanderung machen – und dann regnet es in Strömen, unser Partner hat Migräne oder unser Kind verletzt sich so, dass wir einen ganzen Nachmittag in der Notaufnahme des Krankenhauses verbringen müssen. Ist das nicht gemein und ungerecht? Hätten wir es nicht anders verdient? Oft suchen wir uns in solchen Situationen einen Schuldigen – irgendjemanden, der die Verantwortung für dieses Malheur übernehmen soll. Und wenn das nicht möglich ist, dann sehen wir uns selbst eben als Pechvogel, als jemanden, dem das Schicksal übel mitspielt. In beiden Fällen machen wir uns zum Opfer und verschlimmern die Situation durch den Widerstand, den wir ihr entgegenbringen.

Widerstand vergrößert unser Leiden

Christopher Germer bringt das in seinem sehr lesenswerten Buch »Der achtsame Weg zur Selbstliebe« (siehe Literatur Seite 174) auf die Formel »Schmerz × Widerstand = Leiden« oder auch »Schwierige Gefühle × Widerstand = Destruktive Gefühle«. Egal ob es sich um körperliche Schmerzen oder um schwierige Lebensumstände und Geistes- oder Gefühlszustände handelt: Durch unseren Widerstand, so erklärt der amerikanische Psychotherapeut und Achtsamkeitslehrer, fügen wir ihnen immer etwas hinzu, das erst das eigentliche Leiden ausmacht.

Dieses Phänomen kann jeder wunderbar auch bei Kleinigkeiten an sich selbst beobachten. Ich hasse es zum Beispiel, wenn ich auf jemanden warten muss, und gerate in solchen Situationen immer relativ schnell in einen ärgerlichen Zustand. Den kann ich gut hochschaukeln, indem ich mir vor Augen führe, wie oft die Person, auf die ich gerade warte, schon unpünktlich war, und wie gleichgültig es ihr ist, dass ich meine Zeit vergeude. Und in der Tat verschwende ich dann auch meine Zeit, indem ich nur unruhig auf und ab gehe, ständig auf die Uhr sehe und auf keinen Fall noch etwas mache, was meine Laune verbessern könnte. Schließlich habe ich in diesem Fall ja auch wirklich das Recht, mich zu ärgern, denn Unpünktlichkeit gilt ja allgemein als nicht sonderlich höflich. Vielleicht trifft ja sogar mein Verdacht zu, dass die betreffende Person keine gute Entschuldigung dafür hat, sondern einfach nur nachlässig ist. Das Dumme ist nur, dass ich mir selbst das Leben schwer mache, indem ich mich in etwas so hineinsteigere, woran ich in dem Moment absolut nichts ändern kann. Würde es mir gelingen – und manchmal schaffe ich das –, mich entspannt zurückzulehnen und die Wartezeit zu nutzen als Zeit der Entspannung und des Innehaltens – sie also als unverhofft geschenkte Zeit zu betrachten –, würde ich wesentlich weniger unter der Situation leiden. Das soll keineswegs heißen, dass ich die Unpünktlichkeit damit für gut erachte. Wenn mir danach ist und es etwas bringt, kann ich der unpünktlichen Person freilich trotzdem sagen, dass mich ihre Unpünktlichkeit stört oder kränkt, und sie darum bitten, ihr Verhalten in Zukunft zu ändern. Die Wartezeit für mich zu nutzen und mir nicht die Laune verderben zu lassen heißt aber primär, mich in meinem Wohlbefinden nicht von äußeren Umständen und damit auch vom Verhalten anderer Menschen abhängig zu machen. Genau das ist es, was wir zum Beispiel in solchen Situationen sehr gut lernen können, wenn wir uns der Herausforderung stellen.

Gefühle annehmen statt gegen sie zu kämpfen

Sollen wir denn nun stattdessen versuchen, stets jede noch so schwierige Situation willkommen zu heißen und womöglich auch noch dankbar dafür zu sein? Wohl kaum, denn das wäre einfach unmenschlich. Wenn es um den Umgang mit unseren Gefühlen geht, hat Ehrlichkeit immer höchste Priorität. Die Lösung kann also nicht darin bestehen, mit aufgesetztem positivem Denken zu negieren, dass wir uns todtraurig, wütend oder ängstlich fühlen. In der buddhistischen Psychologie empfiehlt man vielmehr, wie schon beim Thema Dankbarkeit erwähnt, alle Gefühle genau wahrzunehmen, sie mitfühlend anzunehmen und uns um sie – wie Thich Nhat Hanh es sagt – wie eine Mutter um ihr weinendes Kind zu kümmern. Eine gute, erfahrene Mutter verzweifelt nicht, wenn ihr Kind mal schreit oder wütet, weil sie ja genau weiß, dass das wieder aufhören wird. Entsprechend sollten wir Gefühlen wie Enttäuschung, Trauer oder Ärger zwar Beachtung schenken, uns aber nicht in ihnen verstricken. In dem Bewusstsein, dass sie jetzt da sind, aber auch wieder verschwinden werden, und mit einer gewissen inneren Distanz, die es uns erlaubt, uns nicht vollständig zu identifizieren mit unseren Gefühlen, brauchen wir keinen inneren Widerstand aufzubauen. Wir sehen, was ist, nehmen es an und suchen nach einem Weg, das enttäuschte Kind in uns zu trösten.

Mehrere Gefühle gleichzeitig zulassen

Aber Vorsicht: Versuche nicht, dich auszutricksen und zu schnell zu erzwingen, dass ein positives Gefühl wieder die Oberhand gewinnt. Alles hat seine Zeit, und wenn wir die Traurigkeit nur unterdrücken, indem wir in einen besonders lustigen Film gehen, mag das zwar eine kurzfristige Erleichterung bringen, wir müssen aber damit rechnen, dass sie uns wieder einholt. Allerdings können wir durchaus Ausschau halten nach etwas Positivem beziehungsweise danach, welche Möglichkeiten gerade diese schwierige Situation für uns eröffnet. Vielleicht entdecken wir auch etwas, für das wir »trotz alledem« dankbar sein können, und lassen es zu, dass eine Zeit lang zwei oder noch mehr verschiedene Gefühlszustände gleichzeitig da sind: Wir sind dann zum Beispiel total enttäuscht, weil das Wetter uns einen Strich durch unsere Wochenendplanung gemacht hat. Gleichzeitig dämmert uns aber auch, dass es vielleicht gar nicht schlecht ist, uns auch dem Gefühl der Leere und Unruhe zu stellen, das uns überkommt, wenn wir ohne feste Pläne und Aufgaben einfach mal allein zu Hause sind. Und vielleicht sind wir dann auch noch dankbar für unsere schöne Wohnung oder für die Musik, die unsere Laune unversehens hebt.
Auch die Gehirnforscher betonen, dass wir mit positiven Erfahrungen negative lindern, ausgleichen und sogar ersetzen können. Wenn wir zwei unterschiedliche Gefühle gleichzeitig bewusst wahrnehmen, beginnen sie, sich miteinander zu verbinden. Jedes Mal wenn wir positive Gefühle und Geisteshaltungen in schmerzhafte, negative Geisteszustände hineinbringen, verändern wir die neuronale Struktur ein kleines bisschen. Und mit der Zeit kann dies die Vernetzungen in unserem Gehirn tatsächlich Synapse für Synapse verändern und so unseren Fokus verschieben.

Mit Schicksalsschlägen umgehen

Am Anfang dieses Kapitels habe ich dir nahegelegt, dir nicht gleich die größten Herausforderungen als Lehrer auszuwählen. Manchmal lässt einem das Leben aber gar keine Wahl, sondern konfrontiert einen einfach mit einer schweren Krankheit oder dem Tod eines geliebten Menschen. Dann bleibt einem gar nichts anderes übrig, als diese Situation anzunehmen und mit ihr umzugehen. Bruder David Steindl-Rast schreibt, dass es bei schmerzhaften Erfahrungen wie etwa schweren Erkrankungen nicht darum geht, für die Krankheit dankbar zu sein. Vielmehr fordert er dazu auf, nach den Gelegenheiten zu forschen, die uns zum Beispiel eine Krankheit bietet.

Gelegenheiten durch schwierige Situationen

In meinem Bekannten-, Freundes- und Familienkreis bin ich in den letzten Jahren oft mit Krebserkrankungen konfrontiert worden und habe miterlebt, wie viele ganz unterschiedliche Erfahrungen eine solche Erkrankung mit sich bringen kann. Aber in fast allen Fällen gab es Phasen, in denen sowohl die Betroffenen als auch die Angehörigen und Freunde tatsächlich Dankbarkeit zum Ausdruck brachten – sei es für die Zeit der Ruhe, die Möglichkeit des Innehaltens oder für intime, ehrliche Gespräche und eine ganz besondere zwischenmenschliche Nähe.

Wenn es uns gelingt, auf diese Weise schwierige Situationen zu durchleben, brauchen wir dazu nicht zu verleugnen, dass auch Angst, Schmerz und Traurigkeit immer wieder in uns aufsteigen. Gerade im Angesicht der Vergänglichkeit und Endlichkeit unseres Daseins erleben wir aber schöne Momente oft besonders intensiv und nehmen sie lange nicht mehr so selbstverständlich hin wie in Zeiten, in denen es uns gut geht oder alles »normal« läuft. In derart schwierigen Situationen werden wir klarer in unserer Prioritätensetzung und ärgern uns weniger über die Dinge, die es nicht wert sind, unsere Energie mit ihnen zu vergeuden. Stattdessen widmen wir uns mehr den Dingen oder Menschen, die uns wirklich am Herzen liegen.

Alles wandelt sich, alles vergeht

Mit dem Thema Vergänglichkeit stoßen wir an den Punkt, mit dem zumindest wir Menschen im Westen die allergrößten Probleme haben: zu akzeptieren, dass wir selbst und unsere Liebsten über kurz oder lang sterben werden. Vergänglichkeit ist sozusagen die Potenzierung von Wandel und Veränderung. Wer sich mit Letzterem schon schwertut – und das tun wir fast alle –, für den ist der Gedanke an unsere Endlichkeit, unsere Sterblichkeit schier unerträglich. Das macht es umso wichtiger, sich mit dem einzig Beständigen in unserem Leben anzufreunden: mit dem Wandel.

Auf der Website von Bruder David Steindl-Rast fand ich vor kurzem ein Zitat aus Alan A. Milnes bekanntem Kinderbuch »Winnie the Pooh« (deutsch: Pu, der Bär), das sinngemäß übersetzt folgendermaßen lautet: »Wie glücklich bin ich doch, etwas zu haben, von dem es mir so schwerfällt, mich zu verabschieden.« Was für Weisheiten so ein »Bär von geringem Verstand« doch auszusprechen vermag! Wenn wir in der Lage wären, den schmerzlichen Veränderungen in unserem Leben mit dieser Haltung zu begegnen, wäre schon viel gewonnen.

Die zwei Seiten einer Medaille

Mit dem Wandel und der Vergänglichkeit ist das ja so eine Sache, denn einerseits sind wir heilfroh darüber zu wissen, dass schwierige Situationen sich auch wieder verändern werden, und andererseits sträuben wir uns dagegen zu akzeptieren, dass auch schöne Situationen nicht von Dauer sein können. Verständlicherweise wünschen wir uns, dass alles Unangenehme so schnell wie möglich verschwindet und alles Angenehme genau so bleiben soll, wie es ist. So wie im Märchen oder in vielen Filmen hätten wir es gern: Die Schwierigkeiten werden überwunden, und es kommt zum Happy End. Doch solange wir leben, gibt es eben kein dauerhaftes Happy End, sondern immer wieder neue Probleme, unliebsame Veränderungen, unerwartete Herausforderungen

oder wie auch immer wir den Wandel nennen wollen. Wir wissen das im
Grunde genau, und dennoch reagieren wir oft mit massivem Widerstand oder
Widerwillen und machen uns dadurch nur noch unglücklicher.

Sich mit dem Wandel anfreunden

Wenn wir wach und achtsam durchs Leben gehen und uns den Veränderungen stellen, diese also als Herausforderungen und damit als Lehrer betrachten, kommen wir immer mehr an den Punkt, den Wandel als Teil des Lebens
zu akzeptieren und uns mit ihm anzufreunden. Ein guter Lehrer im Sinne
eines Vorbilds kann dabei die Natur sein, die uns ja täglich zeigt, dass bestän-
dige Veränderung in Form von Wachstum und Reife, aber auch Vergänglichkeit und Tod Kennzeichen des Lebens sind. Ich kenne viele Meditationslehrer, die ihren Schülern Meditationen in der Natur ans Herz legen, um das
Gesetz des Wandels in sich aufzunehmen.

Mein Meditationslehrer in Sri Lanka ließ uns zum Beispiel immer den Sonnenuntergang betrachten, was in dem tropischen Bergland, in dem sich das
Meditationszentrum befand, ein sehr beeindruckendes, aber auch schnelles
und extremes Spektakel ist. So schön die Sonne hinter den Bergen untergeht,
so schnell ist dieser faszinierende Moment, in dem Berge und Himmel oran-
gerot erstrahlen, auch schon wieder vorbei. Ich hätte diesen Augenblick gern
noch länger genossen – wohingegen ich auf die schlagartig einsetzende Kälte
gut hätte verzichten können. Denn auf über 1500 Höhenmetern wird es auch
in den Tropen nach Sonnenuntergang urplötzlich empfindlich kalt. Während
ich also tagsüber manchmal die Hitze verfluchte, jammerte ich nach dem
Sonnenuntergang über die Kälte und brauchte eine ganze Weile, um mich
nicht mehr innerlich gegen diesen krassen Wechsel zu wehren, sondern ihn
zu akzeptieren und mich so gut es ging damit zu arrangieren. Die folgende
Achtsamkeitsübung dient dazu, unsere Reaktionen auf die Veränderungen,
die beständig mit uns und in unserem Umfeld geschehen, wahrzunehmen
und unseren Widerstand gegen den Wandel loszulassen.

Achtsam mit Wandel und Vergänglichkeit

🌱 Wenn du einen Balkon oder einen Garten hast, ist es besonders einfach, den Wandel der Natur zu beobachten. Auch regelmäßige Spaziergänge in einer vertrauten Umgebung eignen sich für diese Übung. Manchmal kannst du oft sogar von einem Tag auf den anderen Veränderungen in einer vertrauten Natur wahrnehmen, wenn du besonders achtsam bist. Nimm wahr, dass auch jede Jahreszeit ihre Besonderheiten hat und dass es immer irgendetwas gibt, wovon wir uns verabschieden müssen. Wie geht es dir damit? Hast du Vorlieben für bestimmte Phasen und Abneigungen gegen andere? Neigst du dazu, eine Balkonpflanze möglichst sofort durch eine neue zu ersetzen, wenn sie ein bisschen welk geworden ist? Versuche, die Schönheit und Eigenheit jeder einzelnen Phase genau wahrzunehmen und die Veränderungen als Teil ihrer Lebendigkeit zu begreifen.

🌱 Kannst du deine Reaktionen auf den Wandel in der Natur auch auf andere Lebensbereiche übertragen? Wie geht es dir mit deinen eigenen körperlichen Veränderungen? Kannst du es den Menschen in deinem Umfeld erlauben, sich zu verändern, auch wenn diese Entwicklung nicht in deinem Sinne ist?

🌱 »Alles, was lebendig ist, verändert sich.« – Lasse diesen Satz immer wieder auf dich wirken, wenn du Widerstände gegen Veränderungen in dir spürst. Vertiefe dich in ihn, ohne ihn rational zu analysieren. Lasse alle Assoziationen in dir aufsteigen und suche in deinem Inneren nach einem Ja zu Wandel und Vergänglichkeit, auch wenn es manchmal schmerzt.

»Es gibt nur eine falsche Sicht der Dinge: der Glaube, meine Sicht sei die einzig richtige.«

NAGARJUNA

Annehmen heißt nicht, etwas für gut halten

Um aus einer Situation lernen zu können, müssen wir akzeptieren, dass sie nun mal so ist, wie sie ist. Das ist keineswegs gleichbedeutend damit, eine Situation für gut zu befinden. Es heißt einfach nur »Ja, ich sehe, was hier los ist, und erkenne es an«, im Gegensatz zu: »Nein, das kann doch gar nicht wahr sein. Ich will es nicht sehen. Ich will es nicht haben. Es soll verdammt noch mal anders sein, als es ist.« Im ersteren Fall kann durchaus auch der Wunsch nach einer anderen Wirklichkeit oder nach einer Veränderung da sein, aber dieser Wunsch leugnet nicht die aktuelle Realität. Den inneren Widerstand aufzugeben ist zugegebenermaßen alles andere als einfach, zumal in Situationen, die einem sehr zu Herzen gehen. Und doch ist dies der Schlüssel, wenn es darum geht, an den Herausforderungen, die das Leben uns stellt, zu wachsen, statt zu resignieren oder gar zu zerbrechen.

Macht das wirklich Sinn?

Einer meiner spirituellen Lehrer pflegte immer mal wieder ein kleines rhetorisches Fragespiel mit der Gruppe zu machen, das sinngemäß etwa so ablief: »Ist es sicher und beweisbar, dass alles, dem ich in diesem Leben begegne, meinem Wachstum dient?« »Nein, ist es nicht.« »Ist es sicher, dass es meinem Wachstum dient, wenn ich alles, was mir begegnet, so betrachte, als ob es mir dienen würde?« »Ja, ist es.« Damit unterlief er die Frage nach einem höheren Sinn bestimmter Lebenssituationen auf geschickte und humorvolle Art.

Um das Leben als eine große Lernchance zu begreifen, müssen wir also nicht an so etwas wie ein Schicksal oder eine höhere Macht glauben, das oder die uns zum gegebenen Zeitpunkt die angemessenen Aufgaben stellt oder uns gar für etwas bestraft. Das mag so sein oder auch nicht. Allemal aber bringt es uns weiter, wenn wir schwierige Situationen unter dem Gesichtspunkt betrachten, was wir aus ihnen lernen können, anstatt uns nur über sie zu grämen. Oberflächlich gesehen macht diese Haltung das Leben nicht unbedingt einfacher, nimmt sie uns doch in die Verantwortung, etwas aus unserem Leben zu machen, statt uns als Opfer zu fühlen und uns selbst zu bemitleiden – was zwar nicht angenehm, aber oft bequem ist. Unsere Komfortzone müssen wir also schon verlassen. Aber dafür eröffnet uns diese Einstellung dem Leben gegenüber einen großen Spielraum und lässt uns viel Freiheit, indem sie uns einlädt, eine gestaltende Rolle in unserem Leben zu spielen.

Mist als Dünger für unser Leben

Ajahn Brahm, ein buddhistischer Lehrer, der dafür bekannt ist, seine Lehre auf humorvolle, oft auch ein wenig drastische Art in Geschichten zu verpacken, vergleicht in seinem Buch »Die Kuh, die weinte« (siehe Literatur Seite 174) die unangenehmen Dinge, die uns im Leben begegnen, mit einer Wagenladung Mist, die vor unserem Haus abgeladen wird. Wie wir mit diesem Misthaufen, den wir weder bestellt noch verschuldet haben, umgehen, ist entscheidend dafür, ob wir ihn letztlich als Dünger für unser Leben werden nutzen können oder ob wir um uns herum immer mehr Gestank verbreiten und uns selbst und unsere Umwelt damit belasten.

Viele von uns, so Ajahn Brahm, reagieren auf den Misthaufen, indem sie den ganzen Mist mit sich herumtragen, eine Metapher für »das Versinken in Depressionen, für negative Gedanken oder Wut«. Wenn wir das tun, stecken wir uns, um im Bild zu bleiben, den Mist in unsere Taschen, unser Hemd, unsere Hose – überallhin eben, sodass nicht nur wir, sondern auch unsere Freunde den Mist ständig riechen und sich womöglich von uns entfernen. Das Schlimme daran ist, dass der Mist auf diese Weise nicht weniger wird, sein Gestank im Lauf der Zeit aber immer schlimmer. Die andere Möglichkeit, mit dem Mist umzugehen, besteht darin, sich mit einem Seufzer an die Arbeit zu machen und ihn mit Hilfe von Mistgabel und Spaten Stück für Stück in eine Schubkarre zu schaufeln und das Zeug im Garten zu verbuddeln. Das geht nicht unbedingt schnell voran und macht auch nicht immer Spaß, aber wir unternehmen etwas gegen das Problem, und langsam, aber sicher wird der

Misthaufen kleiner. Doch nicht nur das: In unserem bis dahin eher kargen Garten ereignet sich irgendwann ein Wunder, und die Blumen blühen in einer nicht gekannten Pracht.

Vielleicht werden wir für diese Arbeit lange Zeit brauchen. Vielleicht holen wir uns auch Unterstützung in Form eines Therapeuten, eines Lehrers oder eines weisen Freundes. Irgendwann jedoch werden unsere Nachbarn und Freunde lächeln und erkennen, dass bei uns etwas passiert ist. Dann, so schreibt Ajahn Brahm, »neigt sich der Baum der Weisheit in der Ecke zu uns herab, überladen mit süßen Einsichten in das Wesen des Lebens«.

Weisheit durch Lebenserfahrung

Auf diese Weise mit dem »Mist« umzugehen, mit dem uns das Leben – warum auch immer – konfrontiert, lässt uns wachsen und Weisheit und Mitgefühl mit uns und anderen erlangen. Das können wir nicht aus Büchern lernen. Ajahn Brahm ist der Meinung, dass die besten Lehrer, die er kennengelernt hat, diejenigen waren, die am meisten Mist wegzuräumen und einzugraben hatten. Ganz einfach deshalb, weil sie aus eigener Erfahrung wissen, wie es sich anfühlt, verzweifelt und hoffnungslos zu sein, wie schwer es sein kann, sich aus diesem Zustand zu befreien, aber eben auch, dass es zumindest in ganz vielen Fällen möglich ist, dies zu tun.

Wenn ich mein eigenes Leben und meine Erfahrungen mit anderen Menschen betrachte, scheint mir da sehr viel dran zu sein. Nichts gegen die vom Leben scheinbar verwöhnten Menschen. Doch diejenigen, die so einiges zu bewältigen hatten, sind mit Sicherheit die besseren Begleiter, wenn man selbst gerade in einer schmerzlichen Situation steckt.

In schwierigen Lebensumständen kann es auch ungemein stärkend wirken, wenn wir uns vor Augen führen, welche Schwierigkeiten wir in unserem Leben bisher schon gemeistert und welche Fähigkeiten oder Eigenschaften wir dadurch entwickelt haben. Aus diesem Grund schlage ich dir auf der folgenden Seite eine kleine Übung vor:

 ÜBUNG

Dünger für die Blumen

Nimm dir zehn bis fünfzehn Minuten Zeit und vergegenwärtige dir, welche Blumen, das heißt welche Erkenntnisse, Eigenschaften und Fähigkeiten du schwierigen Situationen in deinem Leben zu verdanken hast. Schreibe ein paar Dinge, die dir besonders wichtig erscheinen, auf und wertschätze dich selbst für die Arbeit, die du da geleistet hast.

Liebevoll mit sich selbst umgehen

Mehr noch als bei den Themen »Dankbarkeit« und »Großzügigkeit« möchte ich dir an dieser Stelle ans Herz legen, ehrlich mit dir umzugehen und dich nicht zu überfordern. Wenn wir aus einem falschen Anspruch heraus meinen, jede noch so schmerzliche Situation aushalten zu müssen, um etwas daraus zu lernen, ist damit nichts gewonnen.

Eine Freundin von mir, die aus ihrer Kindheitsgeschichte heraus viel mit Verlustängsten zu tun hatte – ihre Mutter war gestorben, als sie noch sehr klein war –, suchte sich immer wieder Männer, die unzuverlässig waren und sie betrogen. Sie ahnte, dass sie durch ihre Ängste und ihre teilweise sicher übertriebene Eifersucht die Männer dazu trieb, sich so zu verhalten. Sie mutete sich diese Beziehungen aber immer wieder zu, weil sie meinte, das Leben »schicke« ihr diese Männer, um letztlich ihre Verlustängste zu überwinden – die Männer fungierten sozusagen als ihre Lehrer. Erst Jahre später wurde ihr in einer Psychotherapie klar, dass sie im Grunde nichts anderes getan hatte, als ihr Kindheitstrauma wieder und wieder zu reaktivieren, anstatt endlich einen verlässlichen, bindungsfähigen Partner zu suchen, der ihr wirklich dabei helfen konnte, ihre Ängste zu heilen.

Mit dieser Geschichte möchte ich illustrieren, dass wir immer wieder genau hinschauen sollten, ob wir uns nicht in einer Situation befinden, die es zu verlassen oder zu verändern gilt. Die Frage ist: Können wir an dieser Situation wachsen, indem wir bleiben und zum Beispiel unsere eigene innere Einstellung verändern? Oder besteht die Lernaufgabe darin zu gehen, also äußerlich etwas zu verändern? Das gilt für Partnerschaften genauso wie für berufliche Situationen, Wohnorte oder Freundschaften. Immer gilt es, sich die Situation zuerst genau und achtsam anzusehen, sie anzuerkennen und erst dann Schlüsse daraus zu ziehen und gegebenenfalls zu handeln.

Mein Tagebuch für 4 Wochen

*Wenn wir 28 Tage lang Buddhas drei Fragen beantworten,
wird sich unser Wohlbefinden nachhaltig verbessern.
Wir werden achtsamer, zufriedener und dankbarer, und
unser Leben wird an Intensität gewinnen.*

Was ein Tagebuch bewirken kann

Wann und warum führt man ein Tagebuch? Die meisten Menschen, mit denen ich über Tagebücher gesprochen habe, erzählten mir, das Tagebuch habe für sie in der Regel die Funktion gehabt, sich »auszuweinen«. Meist hätten sie es, mal abgesehen von Reisetagebüchern, nur in Zeiten geführt, in denen es ihnen nicht so gut ging und sie sich einsam fühlten.

Dagegen ist absolut nichts zu sagen, denn zweifellos gibt es Zeiten im Leben, in denen solche Tagebücher einen geradezu therapeutischen Wert besitzen. Allein schon das Niederschreiben von Dingen, die einen belasten, kann erleichternd wirken. Denn es macht einem bewusster, wo das Problem eigentlich liegt, und schafft auch eine gewisse Distanz dazu. Ein Tagebuch, wie ich es hier vorschlage, ist aber eher das Gegenteil davon.

Mehr Glück und Zufriedenheit

Die Idee zu einem Dankbarkeitstagebuch stammt meines Wissens von Tal Ben-Shahar, einem bekannten Vertreter der sogenannten Positiven Psychologie. Er war der Überzeugung, es würde die Zufriedenheit von Menschen fördern, wenn sie täglich niederschrieben, wofür sie dankbar sind. Diese Annahme konnte durch eine groß angelegte Studie, die zu Beginn des 21. Jahrhunderts in den USA durchgeführt wurde, bestätigt werden. Für die Studie, in der es um Bedingungen für die Lebenszufriedenheit von Menschen ging, wurden die Probanden in drei Gruppen eingeteilt. Alle mussten ein Tagebuch führen, allerdings mit unterschiedlichen Schwerpunkten. Während die Teilnehmer der ersten Gruppe alles niederschrieben, was ihnen so in den Sinn kam, konzentrierten sich die Teilnehmer der zweiten Gruppe auf alle Alltagsereignisse und die der dritten ausschließlich auf Erlebnisse, für die sie Dankbarkeit empfanden.

Die Probanden wurden alle paar Tage mit verschiedenen Methoden getestet, und nach nur zwei Wochen konnte man bei denjenigen, die ein Dankbarkeitstagebuch geführt hatten, deutlich bessere Werte in Bezug auf Glück und Zufriedenheit feststellen. Damit ist also sogar wissenschaftlich nachgewiesen, dass ein solches Tagebuch nicht nur eine nette Beschäftigung ist, sondern sich tatsächlich auf unser Wohlbefinden auswirkt. Mit den beiden zusätzlichen Fragen nach der eigenen Großzügigkeit und dem Lehrer des jeweiligen Tages kommen noch zwei weitere wichtige Aspekte hinzu, die uns das Leben positiver erfahren lassen und unser Bewusstsein schärfen.

Drei Fragen und vier besondere Gesichtspunkte

Neben den drei großen Fragen gibt es für jede der vier Wochen noch ein besonderes Leitthema, das den Zugang zu diesen drei Fragen erleichtern soll. Diese Themen oder Gesichtspunkte, die ich alle bereits im ersten Teil des Buches aufgegriffen habe, werden zu Beginn der Woche noch einmal kurz beschrieben und finden ihren Niederschlag dann jeweils auf der linken Tagebuchseite in Form von Zitaten und Weisheitsgeschichten sowie Achtsamkeitsübungen und Meditationsanleitungen. Lasse dich davon inspirieren, verstehe diese Themen aber nicht als Aufgaben, die du zu einem bestimmten Zeitpunkt absolvieren musst. Nimm vielmehr wahr, ob sie etwas in dir auslösen, ob sie dich anregen, dir Freude machen oder auch nicht. Vielleicht fallen sie dir ja auch zu einem späteren Zeitpunkt wieder ein. Auf Seite 172 findest du einen Überblick über alle Übungen aus diesem Buch, sodass du sie jederzeit leicht wiederfinden kannst.

> »Freude ist die einfachste Form
> der Dankbarkeit.«

Dieser Satz stammt von dem bekannten Theologen Karl Barth, und in diesem Sinne wünsche ich dir viel Freude dabei, dieses Tagebuch zu führen und zu einem Buch deiner Ressourcen zu machen, auf die du immer wieder zurückgreifen kannst, wenn du das möchtest.

1. Woche

Achtsamkeit als Schlüssel

Die Übungspraxis der erhöhten Aufmerksamkeit

Achtsamkeit gilt mittlerweile nicht mehr nur in der buddhistischen Tradition, sondern auch in der westlichen Psychotherapie als ein, wenn nicht der zentrale Schlüssel zu einem selbstbestimmten und glücklichen Leben. Was aber macht denn die Achtsamkeit zu so einer »Zauberkraft«?

Eigentlich ist Achtsamkeit keine besondere Sache, sondern eine Fähigkeit, die wir alle besitzen, weil sie sozusagen zur Grundausstattung unseres Geistes gehört. Jeder kann achtsam sein. Im Buddhismus versteht man unter Achtsamkeitspraxis – kurz zusammengefasst – eine bewusste, aufmerksame, wache und liebevoll akzeptierende Grundhaltung gegenüber all unseren eigenen Gefühlszuständen, Gedanken und Handlungsimpulsen, aber auch gegenüber anderen Menschen und unserer Umwelt.

Wenn wir Achtsamkeit praktizieren, versuchen wir zunächst einmal, den Moment wahrzunehmen, ohne ihn sofort einzuordnen oder zu bewerten. Wir werden geduldiger uns selbst und anderen gegenüber und akzeptieren die Dinge so, wie sie im Moment sind, ohne deshalb zu resignieren. Vielmehr gewinnen wir Vertrauen in uns selbst und das Leben, was uns einerseits zuversichtlicher macht, uns andererseits aber auch ermöglicht, loszulassen und nicht so sehr an bestimmten Vorstellungen oder Dingen zu klammern, die nun mal vergänglich sind.

Auf diese Weise fördert Achtsamkeit viele Qualitäten, die mehr Freude in unser Leben bringen: Wir reduzieren unser Tempo und »entstressen« unser Leben, indem wir versuchen, uns auf eine Sache zu konzentrieren, anstatt ständig mehrere Dinge gleichzeitig zu erledigen. Wir werden grundsätzlich offener, und unsere Bereitschaft, uns auf Neues oder Fremdes einzulassen, wächst. Wir begegnen uns selbst und anderen liebevoller und freundlicher und tun uns leichter damit, festgefahrene Vorstellungen und Ansprüche zu erkennen und loszulassen. Und nicht zuletzt können wir mit Hilfe der Achtsamkeit unser Leben mehr genießen und Dankbarkeit für viele schöne Momente empfinden.

Achtsamkeit schafft Freiraum

Achtsam sein heißt, den Modus »Autopilot«, der uns bequem und effektiv durch den Alltag steuert, immer wieder bewusst auszuschalten. Dadurch nehmen wir uns selbst und unsere Umwelt viel intensiver wahr. Und gleichzeitig schafft Achtsamkeit einen Raum zwischen unserer Wahrnehmung und unserer Reaktion, in dem wir bewusste Entscheidungen treffen können. Wenn uns also zum Beispiel mal wieder der Bus vor der Nase davonfährt, wird im ersten Moment wahrscheinlich ein Gefühl des Ärgers in uns aufsteigen, das eine Kettenreaktion von Gedanken auslösen kann. »So ein Mist!« Vielleicht denken wir: »Warum passiert gerade mir so etwas ständig? Den Tag kann ich vergessen! Wenn das so weitergeht!« Anstatt uns aber in dieses Gefühl hineinzusteigern und alle möglichen Erinnerungen an ähnliche unangenehme Situationen hochkommen zu lassen, können wir ganz bewusst versuchen, diese Gefühle loszulassen und stattdessen einen konstruktiven Umgang mit der Situation zu finden. Wir können uns zum Beispiel noch ein bisschen in die Sonne stellen oder auch einfach eine Station zu Fuß gehen – was auch immer sich gerade anbietet.

Offen für Momente der Dankbarkeit

Achtsamkeit ist eine notwendige Voraussetzung dafür, die Geschenke, die das Leben uns macht, überhaupt wahrzunehmen und sie dann auch wertzuschätzen. Aus diesem Grund möchte ich dir vorschlagen, die erste Tagebuch-Woche ganz besonders unter das Motto der Achtsamkeit zu stellen und dir möglichst oft Zeit zum Innehalten zu nehmen – sei es nun bei einem Spaziergang in der Natur, beim Meditieren, Yoga-Üben oder was auch immer dich dabei unterstützt, dich zu zentrieren und zur Ruhe zu kommen. Es wäre schön, wenn du dir jeden Tag eine halbe Stunde nur für dich reservieren könntest. Aber auch jeder bewusste Atemzug, mit dem du für einen Moment aussteigst aus dem Hamsterrad des Alltags und dir gewahr wirst, wie es dir eigentlich gerade geht und was um dich herum geschieht, zählt!

»Jeder Moment von Achtsamkeit

ist eine Bekräftigung für das Leben.

Jeder Moment von Achtsamkeit

zählt.«

JACK KORNFIELD

1. Wofür bin ich heute dankbar?

2. Was konnte ich heute schenken?

3. Wer war heute mein Lehrer?

Alltagsgewohnheiten ändern

Bei dieser Übung geht es darum, die Alltagsroutine zu durchbrechen und spielerisch andere Möglichkeiten zu erproben, um seinen Geist wach zu halten und Neues zu entdecken.

- Wenn du morgens aufstehst, ändere zum Beispiel die Reihenfolge, in der du die Dinge normalerweise erledigst, ein bisschen. Setze dich zum Frühstücken auf einen anderen Stuhl als den gewohnten. Lasse das Radio aus, wenn du sonst immer Nachrichten hörst.

- Du kannst auch deinen Weg zur Arbeit ein wenig verändern, indem du etwa die andere Straßenseite benutzt. Stelle dir vor, du wärst gerade umgezogen und würdest die Gegend neu erkunden.

- Nimm auch bei der Arbeit wahr, wie stark dein Alltag von bestimmten Routinen geprägt ist, die keineswegs notwendig sind, und experimentiere ein bisschen damit.

- Es ist relativ egal, was du veränderst, und die Idee ist nicht, etwas besser oder effektiver zu machen. Versuche vielmehr zu beobachten, was geschieht, wenn du deinen Autopiloten immer wieder bewusst ausschaltest. Lasse dich überraschen und gehe davon aus, dass es immer Neues zu entdecken gibt, wenn du offen dafür bist.

1. Wofür bin ich heute dankbar?

2. Was konnte ich heute schenken?

3. Wer war heute mein Lehrer?

Das Geheimnis der Zufriedenheit

»Meister«, wurde ein alter Zen-Mönch von seinen Schülern gefragt, »was tust du, um glücklich und zufrieden zu sein? Ich wäre auch gern so glücklich wie du.«

Der Alte antwortete mit einem milden Lächeln: »Wenn ich liege, dann liege ich. Wenn ich aufstehe, dann stehe ich auf. Wenn ich gehe, dann gehe ich, und wenn ich esse, dann esse ich.«

Die Fragenden schauten etwas betreten in die Runde. Einer platzte heraus: »Bitte, treibe keinen Spott mit uns. Was du sagst, tun wir auch. Wir schlafen, essen und gehen. Aber wir sind nicht glücklich. Was ist also dein Geheimnis?«

Der Meister wiederholte: »Wenn ich liege, dann liege ich. Wenn ich aufstehe, dann stehe ich auf. Wenn ich gehe, dann gehe ich, und wenn ich esse, dann esse ich.«

Die Unruhe und den Unmut der Schüler betrachtend fügte der Meister nach einer Weile hinzu: »Sicher liegt, geht und esst auch ihr. Aber während ihr liegt, denkt ihr schon ans Aufstehen. Während ihr aufsteht, überlegt ihr, wohin ihr geht, und während ihr geht, fragt ihr euch, was ihr essen werdet. So ist eure Aufmerksamkeit ständig woanders und nicht da, wo ihr gerade seid. Das eigentliche Leben findet im Schnittpunkt zwischen Vergangenheit und Zukunft statt. Richtet eure Aufmerksamkeit ganz auf den gegenwärtigen Moment, und ihr habt die Chance, wirklich glücklich und zufrieden zu sein.«

1. Wofür bin ich heute dankbar?

2. Was konnte ich heute schenken?

3. Wer war heute mein Lehrer?

»Du kannst dir nicht beibringen,

aufmerksam zu sein.

Aber du kannst dir bewusst machen,

dass du unaufmerksam bist.

Und wenn du dir bewusst bist,

dass du unaufmerksam bist,

bist du aufmerksam.«

JIDDU KRISHNAMURTI

1. Wofür bin ich heute dankbar?

2. Was konnte ich heute schenken?

3. Wer war heute mein Lehrer?

Dankbarkeitserbsen

Eine einfache und hilfreiche Übung, die Achtsamkeit und Dankbarkeit gleichermaßen kultiviert, funktioniert folgendermaßen:

- Ziehe ein Kleidungsstück mit Taschen an und stecke eine Handvoll getrockneter Erbsen (oder kleine Bonbons oder was auch immer) in die rechte Tasche.

- Richte deine Aufmerksamkeit während des Tages immer wieder darauf, wofür du dankbar sein kannst, und stecke für jeden Dankbarkeitsmoment eine Erbse von der rechten in die linke Tasche.

- Halte wenigstens eine Minute inne, während du das tust, und spüre das Gefühl der Dankbarkeit intensiv mit allen Sinnen. Lasse es sich ganz in dir ausbreiten, bevor du wieder etwas anderes tust.

- Am Abend nimmst du die Erbsen aus der linken Tasche heraus und versuchst, dich an möglichst viele Dankbarkeitsmomente zu erinnern. Gehe so innerlich gestärkt in den Abend oder in die Nacht.

Es kommt nicht darauf an, alle Erbsen von rechts nach links wandern zu lassen, sondern vielmehr darauf, die Dankbarkeitsmomente wirklich intensiv wahrzunehmen, sie wertzuschätzen und dich darüber zu freuen.

1. Wofür bin ich heute dankbar?

2. Was konnte ich heute schenken?

3. Wer war heute mein Lehrer?

Keine Zeit!

Ein buddhistischer Mönch ging eines Tages im Wald spazieren. Nach einer Weile sah er einen Holzfäller, der hastig und sehr angestrengt dabei war, einen auf dem Boden liegenden Baumstamm mit einer Säge zu zerteilen. Er stöhnte und schwitzte und schien viel Mühe mit seiner Arbeit zu haben.

Der Mönch trat etwas näher an den Holzfäller heran, um zu sehen, warum die Arbeit so beschwerlich war. Schnell erkannte er den Grund und sagte zum Holzfäller: »Guten Tag. Ich sehe, dass Sie sich Ihre Arbeit ganz unnötig schwer machen. Ihre Säge ist ja richtig stumpf – warum schärfen Sie sie denn nicht?«

Der Holzfäller schaute nicht einmal hoch, sondern zischte nur durch die Zähne: »Keine Zeit! Ich muss sägen!«

1. Wofür bin ich heute dankbar?

2. Was konnte ich heute schenken?

3. Wer war heute mein Lehrer?

»Wenn die Schleier unserer Ideen
und Meinungen dünn genug sind,
dass wir die Dinge sehen
und erkennen können, wie sie sind,
dann wird unser Blick wohltuend,
still, friedvoll und heilend.«

JON KABAT-ZINN

1. Wofür bin ich heute dankbar?

2. Was konnte ich heute schenken?

3. Wer war heute mein Lehrer?

Für meine Notizen am Ende der Woche

2. Woche

Liebe dich selbst!

Ohne Selbstliebe keine Dankbarkeit

Viele von uns haben tief in ihrem Inneren einen Glaubenssatz, der ihnen sagt, Selbstliebe sei etwas Anrüchiges oder Verwerfliches. Denn Selbstliebe wird in unserem Kulturkreis häufig gleichgesetzt mit Egoismus oder Selbstverliebtheit. Sätze wie »Eigenlob stinkt« und ähnlicher Unsinn treiben ihr Unwesen in unseren Köpfen. Wir verwechseln die positive Fähigkeit zur Selbstkritik mit der destruktiven Neigung, uns selbst ständig abzuwerten und für nicht liebenswert zu halten. Wie wir im ersten Teil des Buches gesehen haben, stellt mangelnde Selbstliebe aber ein großes Hindernis im Hinblick auf unsere persönliche Entwicklung und unsere Fähigkeit zu Dankbarkeit und Großzügigkeit dar. Ich möchte deshalb anregen, in der zweiten Tagebuch-Woche besonders darauf zu achten, wie es um dein Verhältnis zu dir selbst bestellt ist und wie du gegebenenfalls deine Selbstliebe stärken kannst.

Du bist es wert

Wenn du in dem Bewusstsein durch die Welt gehst, es wert zu sein, Geschenke zu empfangen, wirst du sie bekommen – und dankbar annehmen können, ohne dich dabei irgendwie schlecht oder in der Schuld anderer zu fühlen. Glaubst du indes, für die »Krümel«, die andere übrig lassen, oder für an sich unbefriedigende Situationen dankbar sein zu müssen, weil du es nicht besser verdient hast, wird Dankbarkeit immer einen bitteren Beigeschmack für dich haben. Und das ist unendlich schade!

Sein Selbstwertgefühl zu verbessern und wirklich Liebe für sich zu empfinden ist keine Sache, die man mal eben nebenbei erledigen könnte. Für viele Menschen ist es sogar eine lebenslange Aufgabe, ein gutes, liebevolles Verhältnis zu sich selbst zu bekommen. Dieser Herausforderung können wir uns stellen, indem wir uns in kleinen, unspektakulären Schritten dem Ziel nähern, uns kontinuierlich besser mit uns selbst anzufreunden und mehr Wert auf einen wohlwollenden Umgang mit uns selbst zu legen.

Die eigenen Bedürfnisse ernst nehmen

Die auf Seite 60 beschriebene erweiterte Metta-Meditation regelmäßig zu praktizieren, in der du dich selbst annimmst, wie du bist, und gute Wünsche für dich formulierst, kann ein heilsamer Baustein auf dem Weg zu mehr Selbstliebe sein. Aber auch so eine scheinbar simple Achtsamkeitspraxis wie die, auf die Bedürfnisse des eigenen Körpers zu hören, kann dabei helfen. In den MBSR-Kursen nach Jon Kabat-Zinn (siehe Seite 175) werden die Teilnehmer dazu ermutigt, wann immer es geht, möglichst rasch auf elementare körperliche Bedürfnisse zu reagieren. Das bedeutet zum Beispiel, etwas zu trinken, wenn wir Durst haben, zur Toilette zu gehen, wenn die Blase sich meldet, sich zu bewegen, wenn der Rücken schmerzt, oder zu schlafen, wenn wir müde sind. Klingt banal? Ist es aber nicht, denn wie oft signalisieren wir unserem Körper, der ja nun mal ein wichtiger Teil von uns ist, dass wir ihn nicht ernst nehmen und nicht wertschätzen, indem wir über die Bedürfnisse, die er anmeldet, einfach hinweggehen, weil irgendetwas anderes jetzt gerade viel wichtiger ist oder zu sein scheint!

Sei wie ein lieber Freund zu dir

Natürlich gibt es Situationen, in denen es wirklich Wichtigeres gibt als die eigene Bedürfnislage – und das ist auch völlig in Ordnung. So wie jeder gute Freund Verständnis dafür haben wird, wenn wir in gewissen Momenten oder Phasen gerade mal keine Zeit für ihn haben, wird es uns weder unser Körper noch unsere Psyche übelnehmen, wenn sie nicht immer an erster Stelle stehen. Entscheidend ist aber, dass unser grundlegendes Verhältnis zu uns selbst – zu unseren körperlichen, emotionalen und geistigen Bedürfnissen – von liebevoller Aufmerksamkeit, Wohlwollen und Respekt gekennzeichnet ist und nicht von Ignoranz und Ablehnung. An diesem Verhältnis zu arbeiten und es zu verbessern ist für die meisten von uns eine äußerst wichtige, bereichernde und letztlich schöne Aufgabe. In diesem Sinne wünsche ich dir eine freudvolle Woche voller Liebe und Wohlwollen für dich selbst!

»In dir selbst ist die ganze Welt verborgen, und wenn du weißt, wie man schaut und lernt, dann ist die Tür da und der Schlüssel ist in deiner Hand. Niemand kann dir den Schlüssel geben oder die Tür zeigen, nur du bist dazu in der Lage.«

JIDDU KRISHNAMURTI

1. Wofür bin ich heute dankbar?

2. Was konnte ich heute schenken?

3. Wer war heute mein Lehrer?

Das Zwei-Finger-Lächeln

Von Ajahn Brahm, einem sehr humorvollen buddhistischen Mönch, stammt die folgende Übung, die dabei helfen kann, gleich nach dem Aufstehen oder auch mal zwischendurch wohlwollend und freundlich mit sich selbst in Kontakt zu treten.

- Stelle dich wie gewohnt morgens nach dem Aufstehen vor deinen Badezimmerspiegel und schau dich an, so wie du jetzt bist.

- Noch bevor du dich wäschst, zur Haarbürste greifst und dich mit Cremes oder Schminke verschönerst, lächle dich wohlwollend und liebevoll an – einfach so.

- Das geht nicht? Du siehst grässlich aus? Dann nimm deine beiden Zeigefinger zu Hilfe, ziehe deine Mundwinkel nach oben und schau mal, was passiert. Wahrscheinlich musst du spätestens jetzt lachen. Dann bleibe für einen Moment in Kontakt mit diesem lachenden Wesen, das du selbst bist.

- Auch wenn es albern klingen mag: Diese Übung hilft tatsächlich, wenn wir uns unwohl oder traurig fühlen. Am besten, du machst sie regelmäßig morgens oder auch mal zwischendurch bei der Arbeit, wenn du unzufrieden mit dir selbst bist.

1. Wofür bin ich heute dankbar?

2. Was konnte ich heute schenken?

3. Wer war heute mein Lehrer?

998 gut eingesetzte Steine

Da die Klöster in Asien oft sehr wenig Geld haben, müssen die Mönche alle möglichen praktischen Arbeiten erledigen, für die sie nicht ausgebildet worden sind. So kam es, dass ein junger Mönch dafür ausgewählt wurde, eine Mauer aus 1000 Steinen zu errichten. Der Mönch gab sein Bestes, jeden Backstein so perfekt und gleichmäßig einzupassen wie nur irgend möglich. Als er fertig war, betrachtete er sein Werk und bemerkte, dass zwei Steine etwas verschoben waren. Er war so unglücklich darüber, dass er den Abt bat, die Mauer wieder einreißen und von Neuem erbauen zu dürfen. Doch dieser sagte: »Nein, die Mauer bleibt, wie sie ist.«
Als einige Wochen später ein Besucher in das Kloster kam und die Mauer lobte, fragte der Mönch, ob er denn blind sei und die zwei schiefen Steine nicht sehen könne. »Doch«, sagte der Besucher, »aber ich sehe auch die 998 gut eingesetzten Steine.«
In diesem Moment wurde dem Mönch klar, dass er sich bisher immer nur auf seine Schwächen konzentriert hatte, anstatt sich wertzuschätzen für das, was er gut konnte. Daraufhin änderte er seine Haltung sich selbst gegenüber.

1. Wofür bin ich heute dankbar?

2. Was konnte ich heute schenken?

3. Wer war heute mein Lehrer?

»Sei freundlich zu dir,

dann bist du auch freundlich

zu anderen.«

1. Wofür bin ich heute dankbar?

---

2. Was konnte ich heute schenken?

---

3. Wer war heute mein Lehrer?

Das Herz erblühen lassen

Bei dieser Meditationsübung lässt du dein Herz erblühen und weit werden für das wunderbare Wesen, das du selbst bist. Du kannst die Übung auch sehr gut morgens oder abends im Bett machen.

- Setze oder lege dich bequem hin und achte dabei darauf, dass dein Brustraum möglichst frei ist. Wenn du liegst, kann ein Kissen oder eine kleine Rolle unterhalb der Schulterblätter hilfreich sein.

- Wenn du zur Ruhe gekommen bist, lenke deine Aufmerksamkeit auf deinen Herzbereich und stelle dir dort eine Knospe vor. Lasse dir Zeit damit, diese Knospe vor deinem inneren Auge erscheinen zu lassen, und schicke ihr ganz viel Wärme und Fürsorge.

- Lasse diese Knospe dann langsam erblühen und stelle dir vor, dass du es bist, deine Persönlichkeit, die sich in dieser Blüte entfaltet. Was ist das für eine Blüte? Wie groß ist sie und welche Farbe hat sie? Ist sie zart oder kräftig? Betrachte die Blüte mit Wohlwollen und schicke ihr deine Liebe. Sie ist so, wie sie ist, vollkommen – genau wie du.

- Lege zum Abschluss die Hände auf deine Herzregion und nimm dieses Gefühl der Selbstliebe und völligen Selbstakzeptanz mit in deinen Alltag.

1. Wofür bin ich heute dankbar?

2. Was konnte ich heute schenken?

3. Wer war heute mein Lehrer?

Der Wert des Rings

Ein junger Mann kam zu einem spirituellen Lehrer und sagte: »Meister, ich fühle mich so wertlos. Immer wieder bekomme ich zu hören, ich sei zu nichts zu gebrauchen. Was kann ich tun, um ein wertvoller Mensch zu werden?«

Der Meister antwortete: »Wenn du mir zuerst bei einer kleinen Sache helfen würdest, könnte ich mich danach um dein Problem kümmern.« Der junge Mann stimmte zu, und der Meister drückte ihm einen Ring in die Hand mit den Worten: »Geh zum Markt und verkaufe diesen Ring auf keinen Fall für weniger als ein Goldstück.«

Der junge Mann versuchte, auf dem Markt mit verschiedenen Händlern ins Geschäft zu kommen, aber keiner wollte ihm auch nur ein Silberstück für den Ring geben. Enttäuscht kam er schließlich zum Meister zurück und sagte, es sei ihm leider nicht geglückt, die Händler über den wahren Wert des Ringes hinwegzutäuschen.«

»Nun«, sagte der Meister, »dann geh zum Schmuckhändler und frage den, was er dir für den Ring geben würde.« Als der ihm nach genauer Prüfung des Rings ohne Zögern 58 Goldstücke anbot, kam der junge Mann völlig aufgewühlt zum Meister zurück.

»Siehst du«, sagte der Meister, »du bist wie dieser Ring – ein Schmuckstück, kostbar und einzigartig, und nicht jeder kann deinen Wert erkennen. Warum machst du dich also davon abhängig, was andere Menschen von dir denken?«

1. Wofür bin ich heute dankbar?

2. Was konnte ich heute schenken?

3. Wer war heute mein Lehrer?

»So wie Buddha sagte:

Höre auf, dich selbst als

schlimmsten Feind zu sehen, und lerne,

dein bester Freund zu werden.

Wenn ihr lernen könnt,

euer bester Freund zu sein,

könnt ihr auch lernen,

anderen ein Freund zu sein.«

GODWIN SAMARARATNE

1. Wofür bin ich heute dankbar?

2. Was konnte ich heute schenken?

3. Wer war heute mein Lehrer?

Für meine Notizen am Ende der Woche

3. Woche

Vom Mitgefühl zur Großzügigkeit

Mitgefühl – die Quelle der Großzügigkeit

Nachdem du in der letzten Woche ein besonderes Augenmerk auf deine Selbstliebe und Selbstakzeptanz gelegt hast, soll in der kommenden Woche das Mitgefühl für andere in den Fokus rücken. Denn Mitgefühl oder die Fähigkeit, sich in andere einzufühlen und ihnen wohlwollend zu begegnen, gehört zu den wichtigsten Voraussetzungen für Großzügigkeit. Mitgefühl oder auch Empathie, wie es bei uns oft genannt wird, öffnet unser Herz und lässt uns auch Dinge nachempfinden, die uns selbst vielleicht fremd sein mögen. Wir bewerten nicht, was der andere tut oder denkt, sondern lassen uns ganz auf den anderen ein.

Warum wir uns vor Mitleid hüten sollten

Im Buddhismus unterscheidet man sehr genau zwischen Mitgefühl und Mitleid. Dabei handelt es sich nicht um eine Spitzfindigkeit, sondern um einen essenziellen Unterschied, auf den wir gut achten sollten. Beim Mitleid begeben wir uns sozusagen mit hinein in das Leiden – und können vor lauter eigener Betroffenheit und eigenem Leid dem anderen gar nicht mehr wirklich beistehen. Mitleid tut deshalb genau genommen niemandem gut, ganz im Gegenteil verstärkt es das Leid meist noch.

Mitgefühl hingegen umfasst zwar ebenfalls persönliche Betroffenheit, aber auch die Fähigkeit, sich in einem positiven Sinne zu distanzieren, um handlungsfähig zu bleiben und seine eigene Kraft zu bewahren. Wir versuchen, uns in den anderen hineinzuversetzen, seinen Schmerz zu fühlen, aber trotzdem bei uns zu bleiben und so dem anderen wirklich beistehen zu können.

Dies gilt im Übrigen ebenso für den Unterschied zwischen Selbstmitleid, in dem wir zerfließen oder erstarren, und Mitgefühl mit uns selbst, durch das wir erkennen können, dass es neben dem Schmerz auch noch einen gesunden, starken Kern in uns gibt, der es uns ermöglicht, weiterhin selbstverantwortlich zu handeln und das Notwendige zu tun.

Mitgefühl öffnet das Herz für Großzügigkeit

Mitgefühl fördert unsere Großzügigkeit auf verschiedene Weise: Wir können uns besser in andere einfühlen und spüren, womit wir ihnen eine Freude bereiten oder etwas Gutes tun könnten. Am leichtesten fällt es uns freilich, Mitgefühl für diejenigen zu empfinden, die uns nahestehen. Es ist nur natürlich, diesen zuallererst unsere Unterstützung anzubieten oder sie zu beschenken. Wir können uns aber auch anderen, vielleicht sogar jenen gegenüber, mit denen wir hadern, großzügig verhalten. Dann erleben wir manchmal noch stärker, wie es sich anfühlt, etwas zu geben, ohne Bedingungen zu stellen. Und wir hegen auch keine Erwartungen im Hinblick darauf, etwas zurückzubekommen. So erfahren wir Großzügigkeit pur sozusagen. Probiere es doch bei Gelegenheit einfach mal aus.

Großherzig verzeihen

Mitgefühl kann uns auch dabei unterstützen, jemandem zu verzeihen und uns zu versöhnen, ohne daran irgendwelche Bedingungen zu knüpfen – ein ebenfalls sehr wichtiger Aspekt von Großzügigkeit. Denn auch bei der Versöhnung geht es darum, sich zu öffnen, Enge und Bitterkeit zu überwinden und sein Herz groß und weich werden zu lassen. Selbst wenn es uns oft gar nicht so bewusst ist, tragen die meisten von uns doch einige »Unversöhnlichkeitspäckchen« mit sich herum. Diese loszulassen fällt uns auch deshalb oft so schwer, weil wir damit ein Stückchen unserer eigenen Lebensgeschichte umschreiben müssen, indem wir dem anderen nicht mehr die Schuld an unserem Befinden geben, sondern selbst die Verantwortung dafür übernehmen. Wenn wir es schaffen zu verzeihen, profitiert davon jedenfalls nicht nur derjenige, dem wir etwas nachgetragen haben, sondern letztlich gewinnen wir selbst am allermeisten. Wir befreien uns von einer Last, gewinnen Energie zurück und können uns auf anderes, Wichtigeres konzentrieren. Vielleicht kannst du ja diese Woche ein paar deiner »Päckchen« loswerden, indem du deine großherzige Seite besonders pflegst.

»Was immer an Freude ist in der Welt,

entspringt dem Wunsch,

andere glücklich zu sehen.

Und was immer an Leid ist in der Welt,

entspringt dem Wunsch,

nur selbst glücklich zu sein.«

SHANTIDEVA

1. Wofür bin ich heute dankbar?

2. Was konnte ich heute schenken?

3. Wer war heute mein Lehrer?

Andere beschenken

Bei dieser Übung geht es darum, sich der vielen, ganz einfachen und alltäglichen Möglichkeiten, großzügig zu sein, bewusst zu werden – und die Wirkung der eigenen Großzügigkeit zu genießen.

- Vielleicht möchtest du dir gleich morgens nach dem Aufwachen überlegen, wem du heute eine kleine Freude bereiten könntest – deinem Partner, deiner Partnerin oder deinen Kindern mit ein paar netten Worten beim Frühstück? Oder indem du etwas für den anderen übernimmst, das er oder sie normalerweise selbst erledigt, aber eher ungern tut? Gehe einfach in Gedanken durch den Tag, der vor dir liegt. Es fallen dir bestimmt ein paar Dinge ein, die du tun oder sagen oder vielleicht auch unterlassen könntest.

- Achte im Laufe des Tages immer wieder darauf, ob Situationen entstehen, in denen du dich spontan großzügig zeigen könntest. Egal ob du jemandem in der Warteschlange den Vortritt lässt, im Bus einen Platz anbietest oder einem Kollegen, der gerade im Stress ist, ein Stück Schokolade auf den Tisch legst. Es bieten sich immer wieder Gelegenheiten, und jede Gelegenheit, die du achtsam zu nutzen weißt, zählt – für den anderen, der sich freut, weil er sich gesehen fühlt, und für dich selbst, weil du dich in deiner Fülle erleben kannst.

1. Wofür bin ich heute dankbar?

2. Was konnte ich heute schenken?

3. Wer war heute mein Lehrer?

Zwei Tiger im Herzen

Einst lebte ein weiser alter Mann, der sich Sorgen machte um seinen Enkel, weil dieser ein sehr unbeherrschtes Wesen hatte und immer wieder dazu neigte, andere zu kränken, obwohl er an und für sich kein schlechter Mensch war. Eines Abends saß der Alte mit seinem Enkel am Lagerfeuer. Es war schon dunkel geworden, und das Feuer knackte, während die Flammen in den Himmel züngelten.

Der Alte sagte nach einer Weile des Schweigens: »Weißt du, wie ich mich in meiner Jugend manchmal gefühlt habe? Es war, als ob zwei Tiger in meinem Herzen miteinander kämpfen würden. Einer der beiden war rachsüchtig, aggressiv und grausam. Der andere hingegen war liebevoll, sanft und mitfühlend.«

»Oh ja, das kenne ich«, sagte der Junge, »und bei mir siegt oft der wütende Tiger, obwohl ich es gar nicht möchte … Wie hast du es gemacht, Großvater, dass bei dir der sanfte Tiger den Kampf um dein Herz gewonnen hat?«

»Das ist ganz einfach«, antwortete der Alte. »Ich habe stets nur den sanften Tiger gefüttert.«

1. Wofür bin ich heute dankbar?

2. Was konnte ich heute schenken?

3. Wer war heute mein Lehrer?

»Sich freuen,

wenn andere Glück haben,

ihnen zur Seite stehen,

wenn sie leiden,

sich für ihre guten Seiten begeistern

und ihre schlechten betrachten,

ohne sie zu verurteilen:

So gewinnen Fühlen und Denken

an Klarheit.«

AUS DEM YOGA-SUTRA

1. Wofür bin ich heute dankbar?

2. Was konnte ich heute schenken?

3. Wer war heute mein Lehrer?

Großzügig verzeihen und sich versöhnen

Bei dieser Übung geht es darum zu spüren, dass Versöhnung nicht nur für denjenigen, dem wir verzeihen, ein Geschenk ist, sondern auch für uns selbst, weil es uns aus der Verbitterung in die Lebendigkeit und Offenheit führt.

- Nimm dir ein wenig Zeit, um dir darüber klar zu werden, ob es Menschen in deinem Umfeld gibt, denen du etwas nachträgst, weil sie dich gekränkt haben. Entscheide dann, ob der Zeitpunkt gekommen ist, einem dieser Menschen zu verzeihen.

- Vergegenwärtige dir noch einmal genau die Situation der Kränkung und versuche dann, dich in die Lage des anderen Menschen zu versetzen. Konnte er in diesem Moment vielleicht nicht anders handeln, als er es getan hat? Konnte er vielleicht gar nicht wissen, dass er dich mit seinem Verhalten gekränkt hat?

- Was auch immer du herausgefunden hast, versuche, es bewusst loszulassen, indem du dein Herz wieder öffnest für den anderen und zunächst innerlich sagst: »Ich verzeihe dir. Ich möchte mich mit dir versöhnen.« Spüre dabei auch, wie diese Herzöffnung dir selbst guttut und wie die Bitterkeit verschwindet, mit der du nicht nur den anderen, sondern auch dich selbst bestraft hast.

1. Wofür bin ich heute dankbar?

2. Was konnte ich heute schenken?

3. Wer war heute mein Lehrer?

Die weise Frau

Eine weise Frau hatte in den Bergen einen überaus kostbaren, wunderbar funkelnden Stein gefunden, den sie sorgfältig in ihrem großen Rucksack verstaute.

Am nächsten Tag traf sie einen hungrigen Wanderer. Sie öffnete ihren Rucksack, um ihr Essen mit ihm zu teilen. Dabei fiel der Blick des Wanderers auf den kostbaren Stein. Er bewunderte ihn und konnte seinen Blick gar nicht mehr von ihm abwenden.

Als die weise Frau sah, wie gut dieser dem Fremden gefiel, schenkte sie ihm den Stein.

Der Wanderer setzte überglücklich seinen Weg fort. Er wusste, dass der Stein so wertvoll war, dass er für den Rest seines Lebens keine Geldsorgen mehr haben würde. Aber schon wenige Tage später suchte er die weise Frau nochmals auf, um ihr den kostbaren Stein zurückzugeben.

»Ich habe nachgedacht«, sagte er. »Ich weiß, wie wertvoll dieser Stein ist, und möchte ihn dir zurückgeben, weil ich glaube, dass du mir noch etwas viel Wertvolleres geben kannst: Was war es, das es dir erlaubte, mir diesen Stein einfach zu schenken?«

1. Wofür bin ich heute dankbar?

2. Was konnte ich heute schenken?

3. Wer war heute mein Lehrer?

»Wer durch Milde,
Schonung, freundliche Gesinnung
und Mitgefühl auf andere achtet,
achtet zugleich auf sich selbst.«

BUDDHA

1. Wofür bin ich heute dankbar?

2. Was konnte ich heute schenken?

3. Wer war heute mein Lehrer?

Für meine Notizen am Ende der Woche

Es ist, wie es ist – und nichts bleibt, wie es ist

Die Dinge annehmen, wie sie gerade sind

Für die vierte und letzte Tagebuch-Woche möchte ich dir vorschlagen, dich mit dem wahrscheinlich schwierigsten Thema auseinanderzusetzen, das eng in Verbindung mit der dritten Frage steht: mit der nach unseren Lehrern. Denn wenn wir nach den Herausforderungen Ausschau halten, aus denen wir lernen können, stoßen wir unweigerlich auf unsere inneren Widerstände, auf das große oder kleine »Nein-so-will-ich-das-nicht!« in uns, das uns so oft aus der Balance bringt.

Annehmen heißt nicht erdulden

»Gib mir die Gelassenheit, die Dinge hinzunehmen, die ich nicht ändern kann, gib mir den Mut, die Dinge zu ändern, die ich ändern kann, und gib mir die Weisheit, das eine vom anderen zu unterscheiden.«

So lautet ein altes Gebet aus der christlichen Tradition, das ich sehr schätze, weil es auf so einfache, schlichte Art ausdrückt, worauf es ankommt. Wie oft tun wir genau das Gegenteil davon! Wir wehren uns mit Händen und Füßen gegen Dinge, von denen wir genau wissen, dass unser Widerstand an der Situation aber auch nicht das Geringste ändern wird. Und auf der anderen Seite versinken wir manchmal in Passivität, obwohl wir sehr wohl die Möglichkeit hätten, etwas zum Besseren zu verändern.

Auch im buddhistischen Verständnis geht es bei dem inneren Ja zu dem, was gerade ist, nicht um passives Erdulden, sondern vielmehr darum, weise mit der eigenen Energie umzugehen. Und wenn wir erkennen, dass es nicht in unserer Macht steht, an einer Situation etwas zu ändern, ist das einzig Sinnvolle, was wir tun können, unsere Energie nicht durch Widerstand zu vergeuden. Stattdessen sollten wir versuchen herauszufinden, welche Möglichkeiten im positiven Sinne uns die Situation eröffnet. Das ist gewiss nicht immer einfach, aber letztlich gibt es keine Alternative dazu.

Nichts bleibt, wie es ist – den Wandel akzeptieren

So sehr wir uns manchmal wünschen, dass sich bestimmte Dinge am besten sofort verändern mögen, so sehr halten wir an den Dingen, die uns gefallen, fest und sträuben uns gegen Wandel und Vergänglichkeit. Auch hier gilt es zu versuchen, den Wandel als integralen Bestandteil unseres Lebens anzunehmen, ohne von sich zu verlangen, deshalb alle schmerzlichen Veränderungen freudig zu begrüßen. Das wäre eine glatte Überforderung für alle nicht erleuchteten Wesen und meines Erachtens auch ein großes Missverständnis. Das Leben besteht nun mal nicht nur aus Glücksgefühlen, wie es uns die Freizeit- und Wellnessindustrie weismachen möchte. Vielmehr gehört zum Annehmen auch dazu, Phasen der Trauer und des Schmerzes als Teil des Lebens zu akzeptieren. Alles andere ist eine Illusion, die ganz natürliche Phasen letztlich noch schwieriger macht, als sie sein müssten.

Aus schwierigen Situationen lernen, ohne sich zu überfordern

Wir müssen ja nicht gleich mit unseren größten Schwierigkeiten beginnen, wenn wir uns im Annehmen üben wollen. Jeder Tag bietet uns genügend Möglichkeiten, an unseren inneren Widerständen gegenüber allen möglichen unangenehmen Alltagssituationen zu arbeiten beziehungsweise sie loszulassen. Und je bewusster wir mit unseren Widerständen umzugehen vermögen, desto häufiger werden wir in der Lage sein, diesen Situationen auch etwas abzugewinnen und aus ihnen zu lernen.
Vielleicht begeben wir uns dann ab und zu sogar bewusst in Situationen, in denen wir mit unseren Unsicherheiten oder Ängsten konfrontiert werden. Wir stellen uns zum Beispiel einer fälligen Aussprache mit einer Kollegin oder äußern unserem Partner gegenüber einen Wunsch, den wir bisher geheim gehalten haben. Vermeiden sollten wir dabei aber Kamikazeaktionen, die uns nur zurückwerfen. Heilsames Wachstum kann nur gelingen, wenn wir uns getragen von Achtsamkeit, Selbstliebe und Mitgefühl für uns und andere in solche Situationen hineinbegeben.

»Wenn man alles,

was einem begegnet,

als Möglichkeit zu

innerem Wachstum ansieht,

gewinnt man innere Stärke.«

MILAREPA

1. Wofür bin ich heute dankbar?

2. Was konnte ich heute schenken?

3. Wer war heute mein Lehrer?

Annehmen, was ist

Diese Übung dient dazu, uns der vielen Widerstände, die wir dem Leben entgegenbringen, bewusst zu werden und sie dann Schritt für Schritt aufzulösen.

- Nimm dir heute vor, den ganzen Tag über darauf zu achten, ob und wann du mit dem haderst, was gerade passiert. Ärgerst du dich vielleicht schon beim Klingeln des Weckers darüber, dass du so früh aufstehen musst? Geht es dann weiter damit, dass du über den Regen, die Hitze oder welches Wetter auch immer jammerst?

- Nimm einfach wahr, was in dir vor sich geht, ohne es gleich verändern zu wollen. Es geht nicht darum, dich zu maßregeln oder über dich selbst zu ärgern. Spüre, wie es sich in deinem Körper anfühlt, und halte kurz inne, indem du ein paar tiefe, bewusste Atemzüge nimmst und dir innerlich sagst: »Es ist, wie es ist.«

- Gehe während des ganzen Tages immer wieder in diese Beobachterrolle. Wie ist es bei der Arbeit? Gibt es viele Momente, in denen du dich innerlich auflehnst gegen das, was gerade zu erledigen ist? Wahrscheinlich wirst du die Erfahrung machen, dass du häufiger in einen inneren Widerstand gehst, als dir das vorher bewusst war. Wenn du diese Übung öfter machst, wird allein dieser Prozess der Bewusstwerdung zu einer Veränderung beitragen.

1. Wofür bin ich heute dankbar?

2. Was konnte ich heute schenken?

3. Wer war heute mein Lehrer?

Wer weiß, wozu das gut ist ...

In einem chinesischen Dorf lebte ein alter Mann, der ein wunderschönes weißes Pferd besaß. Als das Pferd eines Morgens verschwunden war, sagten die Dorfbewohner: »Welch ein Unglück, dass dein Pferd gestohlen worden ist!« »So weit dürft ihr nicht gehen«, erwiderte der alte Mann. »Richtig ist, dass das Pferd nicht mehr im Stall ist. Niemand weiß, ob dies ein Unglück ist oder ein Segen!«

Nach zwei Wochen kehrte der Schimmel mit einer Schar wilder Pferde zurück. »Du hast recht gehabt, alter Mann«, sprach das ganze Dorf. »Es war ein Segen, kein Unglück!« »Wer weiß«, erwiderte der Greis. «Tatsache ist, dass das Pferd mit anderen Pferden zurückgekehrt ist.«

Der alte Mann hatte einen Sohn, der nun mit den Tieren zu arbeiten begann. Nach einigen Tagen stürzte er von einem Pferd und brach sich beide Beine. Im Dorf sprach man nun: »Was für ein Unglück, dass dein einziger Sohn seine Beine nicht mehr gebrauchen kann.« »Mein Sohn hat sich beide Beine gebrochen«, antwortete der alte Mann. »Wer kann denn wissen, ob dies ein Unheil ist oder ein Segen?«

Bald darauf brach im Lande ein Krieg aus. Alle jungen Männer wurden in die Armee eingezogen. Einzig der Sohn des alten Mannes blieb daheim, weil er ein Krüppel war. Die Bewohner des Dorfes meinten: »Der Unfall war ein Segen, du hattest recht.« Darauf entgegnete der alte Mann: »Warum seid ihr vom Urteilen so besessen? Richtig ist nur, dass eure Söhne ins Heer einberufen wurden, mein Sohn jedoch nicht. Ob dies ein Segen oder ein Unglück ist, weiß niemand.«

1. Wofür bin ich heute dankbar?

2. Was konnte ich heute schenken?

3. Wer war heute mein Lehrer?

»Das Leben ist ein Fluss.

Wenn du es näher betrachtest,

dann wirst du sehen,

dass sich alles

in jedem Augenblick ändert.«

DRUKPA RINPOCHE

1. Wofür bin ich heute dankbar?

....

....

....

....

2. Was konnte ich heute schenken?

....

....

....

....

3. Wer war heute mein Lehrer?

....

....

....

....

Den Wandel akzeptieren

Die folgende Kontemplation kann dabei helfen, unser Vertrauen in den Wandel zu stärken und loszulassen.

- Begib dich in eine entspannte Sitzposition und komme zur Ruhe, indem du zunächst ein paar tiefe Atemzüge nimmst und dann beobachtest, wie dein Atem ganz ohne dein Zutun kommt und geht.

- Lasse dann in deiner Erinnerung verschiedene Lebenssituationen in dir aufsteigen, in denen sich Dinge geändert haben, die dir zunächst Angst gemacht haben, die du aber erfolgreich bewältigt hast. Das können zum Beispiel Trennungen von Partnern, unfreiwillige Umzüge oder Änderungen in Bezug auf die Arbeit gewesen sein.

- Vergegenwärtige dir, wie traurig oder unsicher du damals warst, und versuche dann zu erspüren, was dir geholfen hat, die Situation ins Positive zu wenden. Welche Eigenschaften von dir waren dabei wichtig? Welche Menschen oder Umstände haben dazu beigetragen, dass du wachsen konntest an der zunächst unerwünschten Veränderung?

- Erlaube dir, das Gefühl von eigener Stärke und von Vertrauen in dich selbst und das Leben zu genießen. Spüre, wo in deinem Körper es lokalisiert ist, und nimm es mit in deinen Alltag.

1. Wofür bin ich heute dankbar?

2. Was konnte ich heute schenken?

3. Wer war heute mein Lehrer?

Alles ist vergänglich

In einem Zen-Tempel lebten zwei junge Mönchsnovizen. Einer der beiden ließ eines Tages eine wertvolle Teeschale fallen, die ein persönliches Geschenk des Kaisers an den Meister des Tempels gewesen war. Ein älterer Mönch, der die Scherben sah, schimpfte den Novizen sehr und drohte: »Warte nur, bis der Meister kommt!«

»Keine Sorge, ich weiß eine Lösung«, meinte der andere junge Mönch und steckte die Scherben in die weiten Ärmel seines Mönchsgewandes. Als der Meister schließlich zurückkam, verbeugte sich der Novize und fragte: »Meister, ist es wahr, dass alle Menschen sterben müssen?« »Gewiss ist das so«, antwortete der Meister, »sogar der Buddha musste sterben.« »Und die nichtmenschlichen Wesen müssen auch alle sterben?« »Ja, alle Lebewesen müssen sterben.« »Und wie ist es mit den unbeseelten Dingen und Gegenständen?«, fragte der junge Mönch weiter. »Alles, was eine Form hat, muss notwendigerweise wieder vergehen«, antwortete der Meister geduldig.

»Wenn alles vergänglich ist, Meister, ist es dann richtig, wenn man weint oder wütend wird, weil etwas nicht mehr da ist oder zerbrochen ist?« »Nein, gewiss nicht«, antwortete der Meister, »aber worauf willst du hinaus?«

Da holte der junge Mönch die Scherben aus seinem Gewand – und der Meister konnte nicht anders, als über seinen schlauen Novizen kopfschüttelnd, aber herzlich zu lachen.

1. Wofür bin ich heute dankbar?

_____

_____

_____

_____

2. Was konnte ich heute schenken?

_____

_____

_____

_____

3. Wer war heute mein Lehrer?

_____

_____

_____

_____

»Das Leben birgt viele Umwege in sich.
Die Kunst besteht darin,
dabei die Landschaft zu bewundern.«

AUS DEM ZEN-BUDDHISMUS

1. Wofür bin ich heute dankbar?

_____

_____

_____

2. Was konnte ich heute schenken?

_____

_____

_____

3. Wer war heute mein Lehrer?

_____

_____

_____

Für meine Notizen am Ende der Woche

Ein Ausblick: die neuen Sichtweisen bewahren

Ich hoffe, du hattest Freude daran, vier Wochen lang dieses besondere Tagebuch zu führen! Hat es deine Sicht auf die Welt in der Weise verändert, dass
die positiven Seiten deines Lebens stärker in dein Bewusstsein getreten sind?
Auch wenn es sicher nicht immer nur angenehm war zu erkennen, wer heute
dein Lehrer war, konntest du manchmal vielleicht sogar schmunzeln über die
eine oder andere Schwierigkeit, die dir deine Lehrer zunächst bereitet haben.
Und vielleicht hat dies ja auch dazu geführt, dass deine inneren und äußeren
Widerstände gegen Dinge oder Situationen, die weniger angenehm, aber im
Moment nicht zu ändern sind, geringer wurden.

Was auch immer du an Erfahrungen und Erkenntnissen in diesen vier Wochen gewonnen hast: Versuche das, was wertvoll für dich war, mitzunehmen
und die neu gewonnenen Sichtweisen nicht wieder zu verlieren. Vier Wochen
sind eine Zeit, in der wir neue Denk- und Verhaltensmuster gut einüben
können. Unterschätze aber nicht die Macht der alten Gewohnheiten, die viel
länger Zeit hatten, sich in Form von äußerst stabilen Verbindungen in deinem
Gehirn zu manifestieren. Und nimm es dir nicht übel, wenn sie immer mal
wieder die Oberhand gewinnen.

Wie es weitergehen könnte

Wenn du merkst, dass du in alte Gewohnheiten zurückzufallen drohst, kann
dir ein Blick in das 4-Wochen-Tagebuch helfen, dich an die neuen Erfahrungen zu erinnern. Nutze das Tagebuch in diesem Sinne als Ressource und
wiederhole auch die Meditationen und Übungen, die dir besonders gutgetan
haben. Vielleicht möchtest du das Tagebuch ja auch fortführen. Du könntest
die drei Fragen weiterhin jeden Tag oder auch nur einmal pro Woche in einem Blanko-Tagebuch beantworten. Solltest du gemerkt haben, dass eine der
drei Fragen dir besonders viel gegeben hat, spricht auch nichts dagegen, dich
auf eine Frage zu beschränken.

Neue Ideen entwickeln

Du kannst dir aber auch etwas ganz Neues einfallen lassen. Eine befreundete Psychologin erzählte mir, dass sie Paaren, die die Wertschätzung füreinander verloren haben, manchmal rät, ein besonderes Dankbarkeitstagebuch zu führen: Dazu braucht es zwei Blanko-Tagebücher. Jeder schreibt während der Woche täglich mindestens drei Dinge, wofür er dem anderen dankbar ist, in eines der Tagebücher. Am Wochenende tauscht man die Tagebücher dann aus und beschenkt sich gegenseitig damit.

Sehr gut gefällt mir auch die Idee des Psychotherapeuten Andreas Knuf, der in seinem Buch »Ruhe da oben« (siehe Literatur Seite 174) erzählt, er habe mit seiner Frau vereinbart, sich beim Abendessen nur die positiven Dinge zu erzählen, die sie im Laufe des Tages erlebt haben. Das soll freilich nicht bedeuten, dass man seinem Partner nur noch mit einer Fassade aufgesetzter Fröhlichkeit begegnet. Echte Probleme müssen natürlich weiterhin Raum bekommen. Vielmehr geht es darum, bewusst den ganzen »Müll« der kleinen Ärgernisse, mit dem wir uns oft gegenseitig überschütten, ohne dass einer etwas davon hätte oder sich dadurch etwas bessern würde, einfach draußen zu lassen und sich stattdessen gegenseitig zu inspirieren mit den positiven Dingen, die man erlebt hat.

> »Für alles, das vergangen ist: Danke!
> Für alles, das sein wird: Ja!«

Dieses Zitat aus dem spirituellen Tagebuch des ehemaligen UN-Generalsekretärs und Friedensnobelpreisträgers Dag Hammerskjöld möchte ich als Motto und Ausblick ans Ende dieses Buches setzen und mich von dir mit dem berühmten Mantra aus dem buddhistischen Metta-Sutta verabschieden: »Mögen alle Wesen glücklich sein und Frieden finden. Was es auch an lebenden Wesen gibt: ob stark oder schwach, ob groß oder klein, ob sichtbar oder unsichtbar, fern oder nah, ob geworden oder werdend – mögen sie alle glücklich sein!«

Die Übungen im Überblick

Dank

Ein großer Dank an alle spirituellen Lehrer, die mich in Seminaren, Retreats, Vorträgen oder mit ihren Büchern inspiriert und auf meinen Weg gebracht haben. Von ihnen kann ich hier nur einige nennen: Ayya Khema, Jon Kabat-Zinn, Jack Kornfield, Marie Mannschatz, Lama Öser Bünker, Godwin Samararatne, Thich Nhat Hanh, Rosemarie und Steve Weissman und Sylvia Wetzel.

Herzlich bedanken möchte ich mich auch bei meiner Redakteurin Anja Schmidt und meiner Lektorin Petra Kunze für ihre professionelle und freundschaftliche Unterstützung und beim Verlagsleiter Ulrich Ehrlenspiel für sein Vertrauen in mich als Autorin.

Ein besonderer Dank gilt meinem Mann Michael Eppinger, der meine Buchprojekte mit manchmal anstrengenden, kritischen Fragen begleitet, aber immer an meiner Seite steht.

Über die Autorin

Ilona Daiker, Jahrgang 1958, studierte Germanistik und Soziologie in Berlin und absolvierte danach eine Ausbildung zur Heilpraktikerin. Schon während ihres Studiums begann sie sich für den Buddhismus zu interessieren und Zazen zu praktizieren. Ihre Ausbildungen in Shiatsu, Traditioneller Chinesischer Medizin und Qigong verstärkten ihre Affinität zum fernöstlichen Denken. Von 1985 bis 1997 arbeitete sie freiberuflich als Heilpraktikerin sowie als Autorin und Lektorin in Berlin und Hamburg. Seit 1998 lebt sie in München und arbeitet als Redakteurin und Autorin. Zahlreiche längere Reisen nach Asien sowie Retreats in Thailand und Sri Lanka vertieften ihre Beziehung zum Buddhismus. Es ist ihr ein Herzensanliegen, die Essenz buddhistischer Philosophie und Praxis frei von historischen und gesellschaftlichen Prägungen zu vermitteln und sie damit möglichst vielen Menschen zugänglich zu machen.

Bücher, CDs und Adressen

Ben-Shahar, Tal: **Glücklicher: Lebensfreude, Vergnügen und Sinn finden ...**; Goldmann Verlag

Brahm, Ajahn: **Die Kuh, die weinte. Buddhistische Geschichten über den Weg zum Glück**; Lotos Verlag

Chödrön, Pema: **Suche die Freude. Durch Lojong-Übungen Mitgefühl und Furchtlosigkeit entwickeln**; Arkana Verlag

Emmons, Robert: **Vom Glück, dankbar zu sein. Eine Anleitung für den Alltag**; Campus Verlag

Germer, Christopher: **Der achtsame Weg zur Selbstliebe. Wie man sich von destruktiven Gedanken und Gefühlen befreit**; Arbor Verlag

Glassman, Bernard/ Wecker, Konstantin: **Es geht ums Tun und nicht ums Siegen. Engagement zwischen Wut und Zärtlichkeit**; Kösel Verlag

Hanson, Rick/ Mendius, Richard: **Das Gehirn eines Buddha. Die angewandte Neurowissenschaft von Glück, Liebe und Weisheit**; Arbor Verlag

Hanson, Rick/ Mendius, Richard: **Meditationen, um das Gehirn zu verändern (Audio-CD)**; Windpferd Verlag

Kabat-Zinn, Jon: **Gesund durch Meditation. Das große Buch der Selbstheilung**; Knaur Verlag

Kabat-Zinn, Jon: **Jeder Augenblick kann dein Lehrer sein. 100 Lektionen der Achtsamkeit**; Knaur Verlag

Knuf, Andreas: **Ruhe da oben! Der Weg zu einem gelassenen Geist**; Arbor Verlag

Kornfield, Jack: **Das weise Herz. Die universellen Prinzipien buddhistischer Psychologie**; Arkana Verlag

Kornfield, Jack: **Das innere Licht entdecken. Meditationen für schwierige Zeiten (Audio-CD)**; Arkana Verlag

Richard, Ursula: **Die drei Pfeiler des Glücks: Achtsamkeit, Freude, Dankbarkeit**; Knaur Verlag

Steindl-Rast, David: **Staunen und Dankbarkeit. Der Weg zum spirituellen Erwachen**; Herder Verlag

Steindl-Rast, David: **Fülle und Nichts. Von innen her zum Leben erwachen**; Herder Verlag

Steindl-Rast, David: **Credo. Ein Glaube, der alle verbindet; mit einem Vorwort des Dalai Lama**; Herder Verlag

Thich Nhat Hanh: **Jeden Augenblick genießen. Übungen zur Achtsamkeit**; Herder Verlag

Thich Nhat Hanh: **Ärger. Befreiung aus dem Teufelskreis destruktiver Emotionen**; Arkana Verlag

Wilker, Jessica: **Das Einmaleins der Achtsamkeit. Vom sorgsamen Umgang mit alltäglichen Gefühlen**; Herder Verlag

Bücher aus dem Gräfe und Unzer Verlag

Daiker, Ilona: **Gelassen wie ein Buddha. Meditationen und Achtsamkeitsübungen für 52 Wochen (Tischaufsteller)**

Eßwein, Jan T.: **Achtsamkeitstraining (mit Audio-CD)**

Mannschatz, Marie: **Mit Buddha zu innerer Balance (mit Audio-CD)**

Mannschatz, Marie: **Buddhas Anleitung zum Glücklichsein**

Mannschatz, Marie: Buddhas Anleitung zum Glücklichsein – Das Übungsbuch

Meindl, Dokuho J.: Zen – Das Glück im Jetzt

Mohr, Manfred: Das Wunder der Dankbarkeit. Wie Wertschätzung das Leben verändert

Späth, Thomas/ Shi Yan Bao: Shaolin. Das Geheimnis innerer Stärke

Ausgewählte Adressen und Websites zum Thema Achtsamkeit

Deutschland

MBSR-/MBCT-Verband
Muthesiusstr. 6, 12163 Berlin
kontakt@mbsr-verband.org
www.mbsr-verband.org

Mindfulness Based Stress Reduction (deutsch: Stressbewältigung durch Achtsamkeit) wurde von Jon Kabat-Zinn entwickelt und wird an vielen Kliniken und pädagogischen Instituten angeboten. Auf dieser Basis hat sich die Therapiemethode MBCT (Mindfulness-Based Cognitive Therapy; dt. Achtsamkeitsbasierte kognitive Therapie) entwickelt. Beim Verband gibt es Listen von MBSR-/MBTC-Lehrern.

Institut für Achtsamkeit
Kirchstr. 45, 50181 Bedburg
MBSR2002@aol.com
www.institut-fuer-achtsamkeit.de

Arbor Verlag
Verlagsbüro Freiburg
Zechenweg 4, 79111 Freiburg
info@arbor-verlag.de
www.arbor-verlag.de

Hier gibt es eine große Auswahl an Literatur zum Thema Achtsamkeit und Meditation sowie Kurse und Ausbildungsangebote für MBSR.

Schweiz

MBSR-Netzwerk Schweiz
www.mbsr-verband.ch
Das Netzwerk bietet u. a. Kurse an.

Österreich

Interessante und informative Website zum Thema Achtsamkeit und Achtsamkeitspraxis:
www.achtsamleben.at

International

David Steindl-Rast betreibt eine vielseitige, interaktive Website zum Thema Dankbarkeit und Spiritualität:
www.gratefulness.org
(auf Englisch und Deutsch)

Hier gibt es Texte von Bruder David und anderen spirituellen Lehrern zu lesen, eine Zitatensammlung, die Möglichkeit, E-Postkarten zu verschicken sowie Kerzen anzuzünden und vieles mehr.

Einige Weisheitsgeschichten in diesem Buch sind schon so oft in verschiedenen Variationen erzählt worden, dass sie auf keinen bestimmten Autor mehr zurückzuführen sind. Darüber hinaus haben mich Geschichten aus folgenden Quellen inspiriert:

Seite 104: Stephen R. Covey: Die sieben Wege der Effektivität; Gabal Verlag

Seite 118: Ajahn Brahm: Die Kuh, die weinte. Buddhistische Geschichten über den Weg zum Glück; Lotos Verlag

Seite 124: Jorge Bucay: Komm, ich erzähl dir eine Geschichte; Fischer Verlag

Seite 164: Öser Bünker (Hg.): Buddhistische Weisheitsgeschichten aus Indien, Tibet, China und Japan; Joy Verlag

www.engelbrecht-media.de/engelbrecht-stories

Impressum

© 2012 GRÄFE UND UNZER VERLAG GmbH, München

Projektleitung: Anja Schmidt
Lektorat: Petra Kunze
Bildredaktion: Henrike Schechter
Layout: independent Medien-Design, Horst Moser, München
Herstellung: Susanne Mühldorfer
Satz: Ludger Vorfeld
Repro: Longo AG, Bozen
Druck und Bindung: CPI books GmbH, Ulm

Bildnachweis:

Andreas Hoernisch: Coverfoto; Danita Delimont Stock Photography: Seite 91; Getty: Seite 4, 6-7, 14, 24, 42, 50, 62, 80, 86-87, 151; Mauritius Images: 131; Plainpicture: Seite 34, 57; privat: Seite 175; Ullstein Bild: Seite 71; Westend 61: Seite 111

ISBN 978-3-8338-2487-6

1. Auflage 2012

Die GU-Homepage finden Sie unter www.gu.de

GRÄFE UND UNZER

Ein Unternehmen der
GANSKE VERLAGSGRUPPE